心理学ベーシック 第4巻

なるほど！
心理学観察法

三浦麻子 監修

佐藤 寛 編著

北大路書房

本書に掲載されている会社名・製品名は一般に各社の登録商標または商標です.

本書掲載のプログラム使用において生じたいかなる損害についても，弊社および著者は一切の責任を負いませんので，あらかじめご了承ください.

「心理学ベーシック」シリーズ
刊行にあたって

　本シリーズは，心理学をただ学ぶだけではなく自らの手で研究することを志す方々のために，心理学の標準的な研究手法とその礎となる基礎知識について，なるべく平易かつ的確に解説したものである。主たる想定読者は心理学系の大学の学部生だが，他分野を修めてから進学した大学院生，心理学者と共同研究を始める他領域の研究者，消費者行動など人の心がかかわるデータを収集することが有用な実務家など幅広い。

　第1巻「心理学研究法」では，心理学とはどういう学問か，その歴史も含めて説き起こしたうえで，どの研究法にも共通する基盤的知識を解説している。鮮度が高く，かつ経年劣化の少ない事例やハウツーを盛り込む一方で，読みながら手を動かすためのマニュアルというよりも，じっくり読んでいただける内容を目指した。そのために，事例やハウツーをただ網羅するのではなく，「なるほど！」と理解できるように提示することを重視した。

　第2巻「実験法」，第3巻「調査法」，第4巻「観察法」，第5巻「面接法」は，各研究法による研究の実際について，多くの若手・中堅研究者の助力も得て，豊富な事例をそれぞれ具体的かつ詳細に解説している。心理学の基本的な方法論を身につけるために，多くの心理学系の大学で必修科目となっている「実験実習」のテキストとして用いることを想定しており，読みながら手を動かすためのマニュアルという位置づけとなる。類書と比べると，古典的な手法に加えて，測定機器やインターネットの発達などにより実施が可能となった今日的な手法も盛り込んだところが特徴である。また，優しい一方で活き活きとした表情をもつイラストが随所に織り込まれている。内容への興味をよりいっそう喚起してくれるものと思う。

　「心理学を学ぶこと」をめぐる状況は，2015年に国家資格「公認心理師」の制度化が決まったことによって大きな岐路に立った。公認心理師の国家試験受験資格を得るためのカリキュラムが制定されるが，そこでは実験実習にあまり

重きが置かれていない。しかしわれわれは，心理職としての現場での実践を有為なものとするためには，何よりもまず，心理学諸領域の基礎的な知見や理論を学び，それらをふまえて自らテーマを設定して研究を計画し，収集したデータを分析・考察するという一連の科学的実証手続きを遂行するためのスキルとテクニックを習得することが必要だという強い確信をもっている。心理職は現場で科学者たるべしというこの考え方を「科学者‐実践家モデル（scientist-practitioner model）」という。心理職が医師や看護師，あるいは教師と協働することの意義は，彼らとは異なる角度から同じ現場を見つめる視点を導入できるところにある。その視点こそが科学者としてのそれである。

　人間の心のはたらきを科学的に見つめるまなざしは，心理職に就く人にとって有用なばかりではなく，社会生活のあらゆる場面でも機能する。他者の心の状態を推測する心の機能のことを「心の理論（Theory of Mind）」といい，人は成長する中で「自分と他人は違う」ことを徐々に知るようになる。ではどう違うのか，なぜ違うのか。社会生活の中には，心の理論をより深め，自分と他者の違いに折り合いをつけることが必要になる場面が数々ある。そんなとき，自らの思いに振り回されすぎない科学的な視点をもつことは，互いにとってより適応的な社会生活を導くだろう。自己流ではない確立した方法論を身につけ，研究を実践する経験をとおしてこそ，それを手に入れることができる。

　本シリーズの監修者と各巻の編著者の共通点は，関西学院大学心理科学研究室（関学心理）の教員だということである。関学心理は，わざわざ「心理学」ではなく「心理科学」を標榜しているところに端的に示されるとおり，実証主義に根ざした科学的な観点を共通基盤として，さまざまな視点から総合的な人間理解を目指す研究を進めている。監修および第 1 巻担当の三浦麻子は社会心理学，第 2 巻の佐藤暢哉は神経科学，同じく第 2 巻の小川洋和は認知心理学，第 3 巻の大竹恵子は健康心理学，第 4・5 巻の佐藤寛と第 5 巻の米山直樹は臨床心理学と専門分野は異なるが，全員が，心理学を学び，研究する際に何よりも必要なのは科学的視点であり，それに沿ったスキルとテクニックを身につけることの重要性を伝えたいと強く願っている。また，シリーズ全体を通して挿画を担当した田渕恵の専門分野は発達心理学で，やはりその思いを共有している。本シリーズは，こうした面々によって，科学としての心理学を実現するた

めの標準的なテキストとなるべく編まれたものである。

　本シリーズ刊行に際して，誰よりも感謝したいのは，監修者と編著者に日々「心理学研究はどうあるべきか」を考え，そのための技を磨く機会を与えてくれる関学心理のすべてのメンバーである。われわれは，大学に入学して初めて心理学を学びはじめた学部生が，卒業論文というかたちで研究をものにするまでにいたる道程を教え導く立場にある。より発展的な研究を目指す大学院生たちとは日夜議論を交わし，ともに研究を推進している。学生たちに何をどう伝えれば心理学研究の適切なスキルとテクニックを身につけさせられ，それと同時に心理学研究の面白さをより深く理解してもらえるのか，考えない日はない。その試行錯誤が終わることはないが，社会的な意味で心理学という学問が注目を集め，ひょっとするとその立ち位置が大きく変わるかもしれない今，現時点での集大成としてこのシリーズを刊行することの意義は深いと考えている。こうした意図を汲んでくださったのが北大路書房の安井理紗氏である。氏は監修者の大学院の後輩で，科学的な心理学研究を学んだ人でもある。そんな氏の「科学としての心理学の砦になるシリーズを」という思いは，ひょっとするとわれわれよりも熱いくらいで，日々の業務に紛れてどうしても遅筆気味になるわれわれにとって大いなる叱咤激励となった。ここに記して御礼申し上げたい。

　本シリーズが，質の高い心理学研究を産み出すための一つのきっかけとなれば幸いである。なお，本シリーズに連動して，以下のURLにて監修者と編著者によるサポートサイトを用意しており，各巻に関連する資料を提供している。より詳しく幅広く学ぶために，是非ご活用いただきたい。

　　　http://psysci.kwansei.ac.jp/introduction/booklist/psycibasic/
　　　※北大路書房のホームページ（http://www.kitaohji.com）からも，サポートサイトへリンクしています。

2017年3月（2018年2月一部改訂）

監修　三浦麻子

はしがき

　本書「なるほど！ 心理学観察法」は，心理学の代表的な研究法の一つである観察法についてわかりやすく書かれた入門書である。観察法を用いた研究論文を理解するだけでなく，実際に観察法を用いてデータを収集し，得られたデータを整理・分析して報告するための具体的なスキルについて効果的に学ぶことができるようにデザインされている。

　本書は3部から構成されている。第1部「観察法の理論と技法」では，観察法を理解するうえで重要な理論上のポイントと具体的なデータ収集の手法が解説されている。第2部「観察データの解析」では，入手した観察データを的確にまとめて報告するための技術と，観察データの特徴をふまえた統計解析の方法について述べられている。第3部「観察法による心理学的研究の実例」では，実際に観察法を用いて行なわれたさまざまな研究の例が紹介されている。第1部から順に読んでいただくのが王道と思われるが，先に第3部の具体的な研究例の中から興味のあるものをいくつか読んでいただき，目指すべきゴールを頭に描きながら第1部に戻って読む，という読み方も想定して書かれている。

　心理学における観察法の適用範囲は広く，入門書という本書の性質をふまえるとそのすべてを網羅することには限界があった。たとえば，本書では心理学の中心的な対象である人間の行動観察に主眼が置かれているため，動物の行動観察に関心をもつ読者の期待には応えきれないかもしれない。また，用いられている専門用語の厳密性についても，たとえば時間見本法（タイムサンプリング法）という用語は厳密には発達心理学，動物行動学，行動分析学など領域ごとに意味するところが微妙に異なっている（第3章を参照）。入門書としての読みやすさと統一性を担保するために，個別の領域における厳密な記述をある程度割愛せざるをえなかったことをご承知いただきたい。

　2017年9月には，日本初の心理職のための国家資格である公認心理師について規定する「公認心理師法」が施行された。公認心理師の資格を取得するた

めには所定の科目を履修する必要があるが，学部における必修科目の一つ「心理的アセスメント」の具体的な内容として，面接や心理検査に加えて「観察」について学ぶことが定められている。本書の著者陣の多くは実践現場で心理職として活躍しており，公認心理師を目指す学生が学ぶべき有益な知識が随所に盛り込まれている。

　最後に，本書の執筆において貴重なご助言をいただいた関西学院大学の中島定彦先生と，本書の完成のために多大なご協力と情熱を傾けてくださった北大路書房の安井理紗氏に，心より感謝を表する。

2018年 初春

編者　佐藤　寛

「心理学ベーシック」シリーズ刊行にあたって　i
はしがき　v

第 1 部　観察法の理論と技法 ………………………………………… 1

第 1 章　行動の観察と記録　2

1 節　行動を観察する　2………1　心理学研究法における「観察法」／2　観察する行動を定義する

2 節　観察法の特徴　4………1　直接行動を見る／2　変化の実態を知ることができる

3 節　観察法の種類　7………1　何が見えたかではなく，何を見たいか／2　行動のさまざまな切り口

4 節　観察法を用いた研究　14………1　対象者間の比較／2　事前事後の比較／3　一事例実験デザイン

5 節　観察法の限界　16………1　コストが高い／2　文脈の影響を反映させることの限界／3　実施の難しさ

第 2 章　産物記録法　19

1 節　産物記録法とは　19
2 節　産物記録法の利用　20
3 節　研究事例　21………1　仮想事例：「余裕をもってレポートを完成させるために」／2　仮想事例：「節電するには」

4節　産物記録法の実施方法　　25………1　事前の検討／2　手続きの決定と道具の準備／3　観察の実施

5節　産物記録法の利点　　28………1　行動を直接観察することが難しい場合でも利用できる／2　得られた行動的産物は保存することができる／3　特別な装置を必要としない

6節　産物記録法の限界　　29………1　産物が誰によって生み出されたかわからない／2　産物がどのようにして生み出されたのかがわからない／3　産物と行動に対応関係が十分にあることが必要である

第3章　時間見本法　　31

1節　時間見本法の種類　　31………1　インターバル記録法／2　瞬間タイムサンプリング法／3　インターバル記録法と瞬間タイムサンプリング法の特徴

2節　時間見本法の実施方法　　38………1　観察対象と記録法の決定／2　行動の定義の作成／3　インターバルの長さと観察時間の決定／4　記録用紙の設計／5　予備観察の実施

第4章　連続記録法と事象見本法　　43

1節　連続記録法と事象見本法　　43

2節　連続記録法　　45………1　事象記録法／2　持続時間記録法と潜時記録法

3節　連続記録法の実施方法　　49………1　観察対象と観察方法の決定／2　行動の定義の作成／3　記録用紙の設計／4　予備観察の実施

4節　事象見本法　　51

5節　事象見本法の実施方法　　53………1　観察対象と観察方法の決定／2　行動の定義の作成／3　記録用紙の設計／4　予備観察の実施

第5章　アクションリサーチ：
　　　　　社会構成主義からのアプローチ　　55

1節　アクションリサーチとは　　55

2節　アクションリサーチ発展の背景　　56

3節　アクションリサーチの実施方法　　60………1　現場への参入／2　現場と研究者との共同／3　研究計画とリサーチ・クエスチョンの設定／4　分析方法の決定／5　論文執筆

4節　研究者の役割　　68

5節　どのような変化を起こすのか　　70

6節　変化を起こす理論枠組み　71

第2部　観察データの解析　73

第6章　観察データの信頼性と妥当性　74

1節　信頼性　75……1　観察者間一致（IOA）の算出方法／2　信頼性を高めるために
2節　正確性　85
3節　妥当性　86……1　妥当性／2　社会的妥当性

第7章　観察データのグラフ作成と変化の判定　91

1節　グラフの作成方法　92……1　折れ線グラフ／2　棒グラフ／3　グラフ作成上の注意
2節　グラフの視覚的分析　96……1　フェイズ内の視覚的分析／2　フェイズ間の視覚的分析
3節　一事例実験デザインによる変化の判定　102……1　ABデザイン／2　ABAデザイン／3　多層ベースラインデザイン／4　一事例実験デザインをさらに学ぶために
4節　視覚的分析の限界　106

第8章　一事例実験デザインを用いた観察データの統計解析　108

1節　視覚的分析の落とし穴　109
2節　一事例実験デザインの特徴をふまえた統計的検定　111
3節　Tau-Uを用いた検定法　112
4節　トレンドの問題への対応　114
5節　一事例実験デザインのメタアナリシス　117
6節　まとめ　117

第9章 グループデザインを用いた観察データの統計解析　118

1節　はじめに：グループデザインによる観察研究　119
2節　データの整理と記述統計　119
3節　推測統計と仮説の有意性　122……1　差があるかどうかを調べる統計解析／2　効果量の検討／3　関連を調べるための統計解析
4節　おわりに　129

Part 3 第3部　観察法による心理学的研究の実例……………………131

第10章 通常学級における授業準備行動の改善　132

●観察技法：［事象記録法］［産物記録法］［潜時記録法］［インターバル記録法］［ABAデザイン］［ABABデザイン］［行動間多層ベースラインデザイン］

実例1　通級学級において「めあてカード」による目標設定が授業準備行動に及ぼす効果（道城・松見・井上, 2004）　133
1　研究の目的／2　方法／3　結果と考察

実例2　通級学級において「めあて＆フィードバックカード」による目標設定とフィードバックが着席行動に及ぼす効果（道城・松見, 2007）　135
1　研究の目的／2　方法／3　結果と考察

実例3　通級学級において「めあて＆フィードバックカード」による目標設定とフィードバックが着席行動に及ぼす効果（道城, 2014）　136
1　研究の目的／2　方法／3　結果と考察

第11章 指導的立場の保育士を対象とした応用行動分析の研修プログラムの波及効果　139

●観察技法：［インターバル内頻度記録法］［ABデザイン］

実例　応用行動分析に基づく保育士を対象とした発達支援リーダー養成プログラムの開発及びその効果（田中, 2011）／指導的立場の保育士を対象とした応用行動分析の研修プログラムの波及効果：適切行動に対する言語称賛スキルの向上（田中・馬場・鈴木・松見, 2014）　139

1　研究の目的／2　方法／3　結果と考察

第12章　教室内における問題行動の改善　　148

◉観察技法：［瞬間タイムサンプリング法］［ABCA デザイン］

小学1年生児童に対する学習時の姿勢改善のための介入パッケージの効果：学級単位での行動的アプローチの応用（大対・野田・横山・松見，2005）　148

1　研究の目的／2　方法／3　結果と考察／4　まとめ

第13章　抑うつ症状を示す児童の対人行動　　154

◉観察技法：［行動観察］［逐次分析］［グループデザイン］［統計解析］

抑うつ症状を示す児童の仲間との社会的相互作用：行動観察に基づくアセスメント研究（竹島・松見，2014）　154

1　研究の目的／2　方法／3　結果と考察／4　まとめ

第14章　大学の講義における私語の解消　　161

◉観察技法：［瞬間タイムサンプリング法］［ABA デザイン］

大教室の講義における大学生の私語マネジメント：好子出現阻止による弱化を用いた介入の有効性（佐藤・佐藤，2014）　161

1　研究の目的／2　方法／3　結果と考察

第15章　たばこの不適切投棄の改善　　167

◉観察技法：［産物記録法］［AB デザイン］［統計解析］［Tau-U］

データ付きポスター掲示によるたばこの不適切投棄の軽減効果（武部・佐藤，2016）　167

1　研究の目的／2　方法／3　結果と考察／4　まとめ

第16章　迷惑駐輪の減少　　172

◉観察技法：［産物記録法］［ABCADCA デザイン］［場面間多層ベースラインデザイン］

不法駐輪に対する行動分析的アプローチ：データ付きポスターの掲示と駐輪禁止範囲明示の効果（沖中・嶋崎，2010）　172

1 研究の目的／2 方法／3 結果と考察

第17章　スイミングスクールにおける
　　　　ビート板整理行動の向上　　178

●観察技法：［産物記録法］［ABAデザイン］［統計解析］［Tau-U］

スイミングスクールにおける児童のビート板整理行動の変容①：集団随伴性を用いた介入の効果（佐藤・佐藤，2013）　178
1 研究の目的／2 方法／3 結果と考察／4 まとめ

第18章　ソフトテニス競技における
　　　　ファーストサービスの正確性の向上　　183

●観察技法：［産物記録法］［対象者間多層ベースラインデザイン］
　　　　　　［統計解析］［二項検定］

自己記録と自己目標設定がソフトテニスのファーストサービスの正確性に及ぼす効果（沖中・嶋崎，2010）　183
1 研究の目的／2 方法／3 結果と考察

第19章　活動理論に基づく
　　　　新人看護師研修の創造と分析　　189

●観察技法：［アクションリサーチ］

「越境的対話」を通した新人看護師教育システムの協働的な知識創造：活動理論に基づくアクションリサーチと対話過程の分析（香川・澁谷・三谷・中岡，2016）　189
1 研究の目的　【研究Ⅰ：事前調査】2 方法／3 結果と考察　【研究Ⅱ：実践の開発】1 プロジェクトの概要／2 プロジェクトの結果　【研究Ⅲ：対話過程の分析】1 方法／2 結果と考察　【研究の補足：アクションリサーチの背景説明】1 リサーチ・クエスチョン設定までの流れ／2 分析方法の決定

引用文献　　199
索　　引　　209

第 1 部

観察法の理論と技法

第1部では観察法の基礎となる理論的背景と，観察データ収集のための具体的な手法について説明する。観察法によってデータを集めるというのはどういうことなのか。データ収集のためのさまざまな手法の特徴はどこにあるのか。第1部を一通り読むことで観察法を実際に使って研究を行なうための入り口にたどり着くことができる。

行動の観察と記録

　本章では,心理学における研究法の中でも特に観察法に焦点を当て,第2章以降に続くさまざまな観察法の技法について概説する。心は直接扱うことや見ることは難しいが,私たちは行動をとおして心の動きやはたらきを知ることができる。心理学研究において行動を科学的観点から見ることが,日常で私たちが行なう人間ウォッチングとどのように違うのか,一緒に考えてみよう。

1節　行動を観察する

1　心理学研究法における「観察法」

　心理学は「心」を研究の対象とし,ヒトや動物の「心」のはたらきを明らかにすることを目的とした学問領域である。しかし,「心」は直接的に扱えるものではなく,現代心理学では「こころとは,行動を説明するために考えられた構成概念である」と考える（南風原・市川, 2001）。「心」のはたらきを明らかにするためのアプローチとして,さまざまな研究法が用いられているが（第1巻「心理学研究法」を参照）,本書のテーマとなっている観察法はヒトや動物

の行動を観察することをとおして「心」のはたらきを知ろうとするものである。そこでまず確認しておきたいことは，ここで言う行動とは，たとえば「走る」「笑う」「叩く」「手を挙げる」「自転車に乗る」などといった骨格筋の動きを伴う，容易に外部から観察ができる顕在的なものだけを意味しているのではなく，「痛み」「空腹」「不安」といった外部から観察が困難な内潜的なものも含む，という点である。**スキナー**（Skinner, 1953）は，皮膚の内側で生じ，外部からの直接観察ができないような身体変化を私的出来事（private event）と呼び，外部から観察可能な行動と同じく，心理学の研究対象でなければならないと主張している（小野，2005）。したがって，本章では行動を広く顕在的な行動から内潜的な私的出来事までを含むものとする。

2　観察する行動を定義する

　心理学の研究者に限らず，私たちは日々自分や他人の行動を観察している。では，日常の中で行なう観察と，研究法として行なう観察はどのように違うのだろうか。観察とはまさに，「見る」ことである。日常生活の中で人の行動を観察するとき，そこには見る人のフィルターがかかっていることが多い。たとえば，電車の中で大きな声で話している若者数名がおり，その近くに座っている男性がひどく眉間にしわを寄せて若者たちの方に視線を向けているとする。それを見たあなたは，男性が若者に対してイライラしていると見るかもしれない。あるいは，別の人は男性のあまりにもあからさまな態度に，怖くて感じの悪い人と見るかもしれない。このように，日常で行なう観察には必ずといっていいほど解釈や評価が一緒についてくる。そして，その解釈や評価は見る人の価値観や構えといったフィルターの影響を多大に受けるのである。当然，同じ人の同じ行動を見ていたとしても，「見え方」は異なる。この場合，客観的な事実として観察できることは，男性の眉間にしわが寄っていることと，若者たちの方に視線を向けていることである。それらの事実から，見た人は「イライラしている」と解釈したり，「怖そうで感じが悪い」と評価したりするのである。

　これが仮に，「うるさい若者が電車に乗り合わせたときに人はどう反応するか」を検討する研究だったらどうだろうか。解釈や評価といった主観をとおした観察に基づいたデータの場合，研究の観察者となった人によって結果が変

わってしまうことになる。心理学が科学としてヒトや動物の「心」のはたらきの一般法則を導き出すことを目的としているからには，実験者や観察者によって結果が変わってくることは避けなければならない。そのためには，客観的な事実として行動を切り取る方法が必要なのである。つまり，同じ行動に対して同一の記録ができるように，観察対象となる行動を具体的に定義する必要がある。

　別の例で考えてみよう。小学生の学習に対する「意欲」について，研究をするとする。ある子どもが「意欲的」であるかを担任教師に評価させるような方法では，担任教師の基準としているものによって評価が変わってくる。このような場合には，より客観的に観察できるものから「意欲」を評価する方法を採用する必要がある。たとえば，授業中に子どもが手を挙げる回数は，誰が測定しても同じ結果になるはずである。したがって，意欲を授業中に手を挙げる回数と定義して，その頻度を観察により測定することで，担任教師が異なるクラスの子どもであっても，同じ指標で比較することが可能となる。心理学で研究の対象とされるものにはこのように，ある反応や態度の集合を「意欲」のように構成概念として扱う場合も少なくないが，観察法の場合は構成概念を行動という側面からどうとらえられるか，まず定義をする必要がある。一見，行動から測定するのが難しいような「創造性（creativity）」といったものでも，「前につくったブロックのパターンとは異なるパターンをつくる行動」と定義して，4歳の子どもの創造性を測定した研究もある（Goetz & Baer, 1973）。

2 節　観察法の特徴

1　直接行動を見る

　観察法は，観察が行なわれる状況により大きく，**自然的観察法**（natural observation）と**実験的観察法**（experimental observation）に分類される（中澤，1997；澤田・南，2001）。自然的観察法は，自然状況下で起きる行動をありのままに観察する方法であり，最大の利点としては複雑な要因の中でどのように行動が起こるかという自然のかたちでの行動の把握ができるということ

がある。しかしながら，その複雑さは行動生起にかかわる要因の統制ができないということにもつながるため，行動が生起するメカニズムについては把握するのが困難になる。一方で，実験的観察法では，観察する状況や行動生起にかかわる要因を実験者が操作し，それによる行動変化を見るため，ある程度の統制が行なわれた状況下での行動を観察することになり，行動生起のメカニズムについて言及することも可能になる。

観察法の最大の特徴は行動を直接見て測定すること

いずれにしても，行動を直接見て測定するということが観察法の最大の特徴であり，面接法や調査法と大きく異なる特徴でもある。面接や調査では，質問に回答する報告内容が研究対象となる。したがって，そこで得られるデータはあくまでも報告者となる人の記憶や認知というものを経由した内容となる。たとえば，「一日に間食を何回しますか？」という行動にかかわる質問であったとしても，「3回」というかたちで調査や面接で回答したその回答は，報告者の記憶に基づくものであり，必ずしもそれが事実と一致するかは確かめられていない。ここで，本人が記憶している回数，認知している程度が研究として明らかにすべき点であれば面接法や調査法を使えばいいのだが，実際の回数を問題とする場合は行動を直接観察し，間食をしている回数を測定する必要がある。自然的観察法と実験的観察法では，今起きている行動の状態を知りたいのか，行動生起のメカニズムが知りたいのかということによって使い分けられることになるが，状態を知るにしてもメカニズムを知るにしても，観察法では実際に起こっているその行動を直接確認することをとおして行なわれるのである。

観察法では，直接行動を見て確認するため，面接法や調査法に比べて客観的であると言えるかといえば，観察法を用いているということだけで客観的であることがすぐさま担保されるわけではない。1節でも述べたとおり，行動を直接観察するとしても，行動のどの部分に注目するか，見た行動をどのように記述し表現するかというところには十分に主観が入り込む余地があるのである。そのため，観察した行動が「客観的で信頼できるものであり」「見たい行動に

着目できているか」という**信頼性**と**妥当性**については，観察法の手続きの中で保証されなければならない。その具体的な手続きについては，第6章で詳しく説明する。

2 変化の実態を知ることができる

　特に実験的観察法の場合，変数の操作による行動の変化をとらえることが行動に影響を及ぼす要因を検討するうえでは重要になってくる。日常的な観察では，自分の行動も他人の行動も，その「変化」を正確に把握することは実は意外と難しい場合がある。主観的には「とても変わった」と思っていても，具体的な行動を見てみるとあまり変化していなかったり，逆に主観的には「ほとんど変わっていない」と感じるようなことでも，実際に行動を見てみると変化していたりする場合もある。ここでも，主観的な変化の感じ方が研究対象として見たいものであれば「どのくらい変化したと感じるか」という測定の仕方で問題ないが，実際に行動がどれくらい変化したかを正確に知りたい場合は，主観的報告に頼ると，実際の変化を正確にとらえきれないことがある。

　たとえば，「省エネのために3階まではエレベータを使わずに階段をご利用ください」というポスターを掲示したとたん，なんとなく3階まで上がるのにエレベータを使用する人がむしろ多くなったように「感じる」ことがある。しかし，実際はどうかと観察により人数を数えてみると，3階まででエレベータを降りる人の人数は若干ではあるが減っているということがある。なぜ，このようなズレが生じるのであろうか。それはポスターを貼ることで，今までは気にとめなかった3階までの間にエレベータを使用する人に注目するようになったり，ルールを守らない人を見てネガティブな感情を抱くことで印象に残りやすくなったりするため，多くなったように「感じる」のである。したがって，ポスター掲示に

主観的報告ではなく，実際に行動を観察することで，変化の実態を知ることができる

よる 3 階までのエレベータ利用数の減少効果を正確に検討するためには，その人数を観測する必要がある。

　また，特に個人の行動変化をねらいとした実践的研究では，ある介入をすることでその個人の行動が望ましい方向に変化したかが，研究という側面からも臨床的意義からも重視される点である。たとえば，小学校の教室で授業中に着席せず立ち歩いてばかりいる児童に対し，少しでも長く着席していられるように支援を実施するとする。この，45 分間という授業時間のうち支援前に座っていられたのが 3 分だけで，支援後にそれが 5 分になったという結果だったらどうだろうか。おそらく，この程度の変化であれば担任教師には「変化なし」と映るくらいの微々たるものである。しかし，着席時間を観察して測定することで，担任教師の主観的判断だけに頼るのではなく，着席時間を量的な指標として客観的にとらえることができるのである。このように観察法は，その手続きの工夫次第で，行動の変化をとらえる感受性をかなり高めることも可能となる。ただし，この変化が偶然起こりうる行動のブレ（誤差）の範囲を超えた，「意味のある」変化なのかどうかについては，統計的処理などの手段を用いて厳密に検討する必要はある（第 8 章参照）。

3 節　観察法の種類

1　何が見えたかではなく，何を見たいか

　観察法には実際に直接行動が起こっているその場で行動を観察する**直接観察**とビデオカメラ等で録画した行動を事後に再生して観察する**間接観察**とがある。特にビデオカメラで録画した画像をとおして観察する場合，そこにはあらゆる情報が残されている。そのため，とりあえずビデオで記録して「何が見えたか」と探索的に研究対象をそこに見いだすこともできなくはない。しかし，先に何度も述べているように，「見え方」というのは大なり小なり観察者の物の見方や構え，枠組みといったものをとおしたものである。したがって，そこをベースに研究のスタートを切ってしまうことにはかなりの「偏り」を含める危険性が出てくる。行動は，どのような切り口で見るかによってそこから得ら

れる情報は多様となる。そのため，当然ながら研究を開始する時点で「何を見たいか」ということは，あらかじめ決定しておくべきである。観察対象として測定する行動のデータは，研究計画の中では従属変数となる。したがって，研究計画の中で行動のどのような側面を問題とし，検討するのかによって，観察の方法は自然と決まってくるはずである。

2　行動のさまざまな切り口

同じ行動であっても，研究目的として何を検討したいかによって，見るべき行動の側面は異なってくる。そこで，行動にはどのような切り口があるのかを，次に説明しよう。

(1) 行動の形態（トポグラフィ）から

行動の「形態（トポグラフィ）」とは，行動の「見た目」や「形」のことを意味する。つまり，今行動がどのような「見た目」で起こっているのか，または行動の「見た目」がどのように変化したかが知りたい場合は，行動の形態を観察することになる。たとえば，大対・野田・横山・松見（2005）は，小学1年生の児童を対象に，書字場面での姿勢を改善する介入を実施した（第12章参照）。ここで問題とされているのは，児童の姿勢という行動の「見た目」である。大対ら（2005）は「よい姿勢」を，①背中が伸びている，②お尻が座部に接している，③足が前で床についている，④体は前を向いている，の4つの項目がすべて満たされている行動として定義した。つまり，この4つの項目のうち1つでもできていないものがあれば，それは姿勢が崩れた状態ということになる。児童に対して「よい姿勢」についての指導を行なった結果，書字場面での姿勢の「見た目」がこの4つの項目を満たしていない状態から満たしている状態に変化したかを検討することが，この研究の目的であった。このように行動の「見た目」を検討する場合には，行動の「見た目」に含まれる要素を項目にし，各項目が見られたかを測定する。ソーシャルスキル（対人関係を円滑に築き，良好に保つためのスキル）のように行動の「見た目」，つまりはふるまい方が研究対象となる場合には，**行動の形態**を切り口として測定することが多い。

(2) 行動の量から

　行動の量とは，頻度のことである。ある一定時間内に，何回その行動が起こっているかを問題とする場合，頻度を測定することになる。頻度を測定する場合，直接観察と間接観察の方法がある。直接観察はまさに行動が起こったそのタイミングで回数を数える方法である。回数を数える場合に重要なことは，何をもって1回とカウントするかという基準を決めておくことである。これは観察したデータの信頼性にもかかわってくる。たとえば，スマートフォン依存という状態をスマートフォンの一日の使用頻度から測定するとする。ある観察者はスマートフォンに触れただけで1回とカウントし，別の観察者はスマートフォンを起動させて1回とカウント，また別の観察者はいずれかのアプリを操作したところで1回とカウントするとなれば，この3人の観察者が測定するスマートフォンの使用頻度は大きく異なってくる。どの観察者が観察しても同じようにカウントできるよう，1回の基準は決めておく必要がある。直接観察でこのように1回，2回と行動生起のたびにカウントできるのは，行動の始まりと終わりが明確な行動に限られる（第4章「連続記録法と事象見本法」参照）。たとえば，授業中の挙手というのは手を挙げてから下ろすまでを1回と定義でき，始まりと終わりが明確なのでその場でカウントが簡単にできる。しかし，たとえば学級全体の授業中の私語のように，どこで始まりどこで終わったかが不明瞭である場合や，貧乏ゆすりのようにあまりにも高速で連続して起こるために行動の始まりと終わりを確認しきれない場合などは，頻度を回数としてカウントすることは難しい。そのような場合には，頻度を測定するとしても観察時間を一定のインターバルに分割し，そのインターバル内で観察対象となっている行動が見られたか，見られなかったかというかたちで測定する方法もある（第3章「時間見本法」参照）。

　間接観察には，直接観察のように行動が起こっているそのタイミングで観察するのではなく，行動が起こった結果として残るものを行動の頻度として測定する産物記録法がある（第2章参照）。たとえば，喫煙の頻度としてたばこの吸い殻の本数を測定したり，折り紙を折る行動の頻度として折った後の折り鶴の数を測定したり，また先にあげたスマートフォン依存についてはメールやLINEの送受信数をスマートフォン使用の産物として測定することも可能で

ある。このように，行動の頻度を反映する産物が残る場合，そちらを測定することで行動の頻度を知ることができ，なおかつ観察者の負荷も非常に小さいというメリットがある。第3部で報告されている，たばこのポイ捨て（第15章）や迷惑駐輪（第16章），スイミングスクールのビート板整理行動（第17章）はすべて産物記録法を用いた行動観察が行なわれており，現場での実践研究ではよく使われるものである。

(3) 行動にかかわる時間から

　スマートフォン依存を行動観察によって測定する場合，たとえばスマートフォンの起動画面を開いてから閉じるまでを1回としてその使用頻度を測定すると，ある問題に直面する。頻度の場合，起動してメールを確認して1分もしないうちに画面を閉じた場合も1回，また起動して3時間ゲームアプリで遊んでから画面を閉じた場合も1回となる。つまり，この2つがデータとして表わされた場合には同じ1回となるのである。スマートフォン依存を測定する指標として，どの切り口が妥当であるかを考えると，頻度を測定するよりもむしろ使用時間を測定するほうが適切ということになるかもしれない。

　行動にかかわる時間を測定する場合には，行動が生起している所要時間を測定する方法と，ある時点から行動が生起するまでの潜時を測定する方法がある。先にあげたスマートフォンの使用時間は行動の開始から終わりまでの生起している時間を測定していることになるため，所要時間である。しかし仮に，スマートフォンの依存をメールやLINEにすぐさま返信をせずにはいられない状態と定義したとすれば，この定義に沿って測定すべきは受信したメッセージに対する返信の速さである。この場合，相手からのメッセージが届いた時点からそれに対して返信をするまでにかかった時間，つまり返信までの潜時を測定することになる。

　所要時間であっても，潜時であっても，時間を測定する際にはその行動の開始および終了のタイミングが明確でなければならない。ちょうどストップウォッチを使って測定することをイメージしてもらえばわかりやすいが，スタートとストップのタイミングは，行動がいつ開始したか，いつ終了したかがわからないことにはボタンを押すことはできない。しかし，行動の頻度を測定

する際にも問題となったように，行動の始まりや終わりが必ずしも明確であるとは限らない。そのような場合には頻度の測定と同じく，観察時間をインターバルに分割し，そのインターバル内で行動が見られたかどうかを測定する方法をとる。また，一度起こるとある一定時間持続してその行動が生起し続けるような場合（たとえば，読書など），その行動を開始から終了まで観察し続けることは大きな負荷がかかる。一定時間変化が起こらないような行動を扱う場合にも，インターバルに区切って観察を行なう方法が有効である。このように，時間見本法による観察は，時には頻度を，時には所要時間を測定するものとなる。

(4) 行動の質（パフォーマンス）から

　実験的観察により，介入等の操作による行動変化を検討する際に，行動をパフォーマンスという切り口から観察することもある。たとえば，スポーツの指導で実際に変化させる行動は，野球であればボールを打つときのフォームであったり，フィギュアスケートであればジャンプして回転している間の体の動かし方であったりするわけであるが，フォームや体の動きそのものは先に述べた行動の「形態（トポグラフィ）」の観察以外にも，パフォーマンスという切り口から観察することが可能である。たとえば，野球のフォームを直接観察する代わりに，打率を測定したり，フィギュアスケートのジャンプ時の体の動きを直接観察する代わりに，3回転ジャンプの成功率を観察したりするという方法である。特にスポーツでは，ルールや得点基準がはっきりと定められているため，パフォーマンスを切り口として行動を観察するという方法はよく用いられる。第18章で紹介されている，テニスのファーストサービスの正確性向上についての実践も，パフォーマンスから行動を観察している実践例である。

(5) 行動の機能（相互作用）から

　行動観察の限界については後に5節で詳しく述べるが，これまでに説明してきた行動の切り口はいずれも，観察の際に行動が文脈から切り離された状態であることが多い。しかしながら，この文脈を切り離した観察方法だと，行動の実態を正確にとらえきれないことがある。その代表的な行動が，社会的な行動

である。ソーシャルスキルや仲間とのかかわり，親子のかかわりなど，2名以上の人がかかわる場面での行動を観察する際には，相手のどのようなふるまいをきっかけとして生起した行動か，あるいは生起した行動に対して，相手がどのように反応したか，それが文脈ということになるのであるが，その文脈によって「見た目」が同じ行動であっても，意味するものが大きく異なる場合が考えられる。

　たとえば，小学校の校庭で子どもたちの遊び場面の行動を観察するとする。相手の子どもを叩く，蹴る，押すという「見た目」の行動を「攻撃行動」と定義し，その回数を数えて子どもたちの攻撃性を観察により測定するとしよう。当然ながら，回数が多いほど「攻撃性が高い」ということを示すデータとなるはずであるが，大阪の子どもと東京の子どもを比較した際に，大阪の子どものほうが「叩く」という攻撃行動が多く観察されたとする。そこで，このデータから大阪の子どもは東京の子どもより攻撃性が高いと解釈することが果たして実態を正確に理解したことになるか，ということである。たとえば，同じ行動を文脈を含めて見てみると，大阪の子どもが示す「叩く」という行動のうちの何割かはいわゆる「ツッコミ」であったとなるとどうだろう。同じ見た目の「叩く」という攻撃行動であったとしても，相手を傷つける，痛めつけるという目的をもった「叩く」と，冗談を言った相手に対しての「ツッコミ」では意味や適切さまで異なるのである。このように，特に対人関係の中で生じる行動を観察する場合は，またその適切さが問題とされる場合には，文脈を切り離したかたちでの観察で得られたデータは，現実との間に大きな乖離を生むリスクがある。そこで一つの解決策として用いられているのが，相互作用の観察である。つまり，観察対象となっている対象児・者の行動だけを切り取って観察するのではなく，そのやりとりの相手からのはたらきかけや反応までを含めた相互作用という単位で行動を観察するのである。第13章では，抑うつ行動を示す児童の対人行動について，相互作用という切り口から

文脈によって行動の意味や適切さは変化する

観察を行なっている研究が紹介されている。

対人行動以外に，文脈の中での行動を切り口とした観察を必要とするのが，問題行動の修正といった行動変容を伴う実践的介入の中で行なう観察である。介入では行動を変容するために変数の操作を行なうわけであるが，どの変数を操作すれば行動が変わるのかを知るためには，今起こっている問題がどのような変数により維持されているのかを知る必要がある。行動を維持している変数とは，まさに行動が生起している文脈を指す。行動そのものの見た目や量を観察したとしても，その行動を維持している要因までは見えてこない。行動がどのようなメカニズムで，どのような機能をもって今起こっているのかを知るためには，その行動が生起している文脈も含めて観察を行なう必要がある。このような行動の機能を明らかにするための観察を**機能的アセスメント (functional assessment)** という。

機能的アセスメントとは，行動の獲得や維持，消去に影響を及ぼす先行事象や結果を同定するための方法であり（Ervin et al., 2001），生起する行動（Behavior：B）に加えて，その行動のきっかけとなった刺激や状況（Antecedent：A），また行動に続く結果事象（Consequence：C）という行動を取り巻く文脈の情報も含めて，ABCという3つの要素から**行動の機能**をとらえる観察方法である。このように，行動に影響を及ぼすAやCの変数を理解し，行動改善のテクノロジーを開発する科学的アプローチである**応用行動分析学**（Cooper, Heron, & Heward, 2007）では，このABCの関係性を三項随伴性（Skinner, 1953）といい，ABCで問題行動を記述することはABC分析と呼ばれる（Bijou, Peterson, & Ault, 1968）。このABC分析は，機能的アセスメントを行なうための手続きとしても用いられる。特にAとBの関係性からは，問題行動がどのような状況で起きやすいのかという予測ができ，問題行動の生起を予防するためにどのような環境を整えればいいかという手がかりを得るために有効である。また，BとCの関係性からは，行動がどのような機能で生起しているかの仮説を立てることができる。行動の代表的な機能には，注目の獲得，物／活動の要求，課題等からの回避／逃避，感覚の獲得の4つがあり（Horner, 1994），見た目は同じ問題行動であったとしても，機能が異なる場合は効果的な支援方法は異なってくる。第11章では，行動の機能という切り口から行動

観察を行なった実践例が紹介されている。

4節　観察法を用いた研究

　研究の中で実施される観察の回数は，研究デザインにより異なってくる。ここでは観察を行なう回数という観点から，研究デザインとの関係を概説したい。

1　対象者間の比較

　研究の目的が，たとえば年齢や学年，性別などを独立変数とした対象者グループによる行動の違いを検討することであれば，観察の実施は一時点のみ（1回）となる。先に例としてあげた，大阪と東京の子どもの攻撃性の違いということであれば，これは大阪と東京というそれぞれの地域に属する対象者グループを独立変数とし，攻撃性と定義される行動を従属変数としてその頻度を対象者グループ間で比較することになる。このような研究では，観察により得られた行動データが独立変数によりどのように異なるのかを検討することが主目的である。また，介入操作の効果検討を行なう場合にも，対象者間のデザインであれば，介入操作を実施した群と実施しなかった対照群との比較ということになる。たとえば，ある新しい算数の指導法を導入した学級A（介入群）と従来どおりの指導法を用いた学級B（対照群）で，その指導法の効果を計算問題100問の正答数と回答にかかった時間を指標として検討したとする。この場合は，ある一時点での算数のパフォーマンスを測定し，そこで得られたデータを2群間で比較している。特にこの例のような，教育や臨床の現場で実施される指導や介入効果の検討を目的とした研究は，実験室で行なう研究のようにデータに影響を及ぼしうる要因を厳密に統制することは難しい。しかし，さまざまな制約がありつつも，内的妥当性，つまりは独立変数と従属変数の間の因果関係を主張するうえでの正当性ができるだけ高く保持されるように工夫された研究デザインを，**準実験デザイン**（quasi-experimental design）という（南風原，2001）。準実験デザインでは，介入群と対照群の等価性が保証されないことが，内的妥当性を低める一因となる。

2　事前事後の比較

　上記の介入群と対照群の等価性の問題を解消するための方法として，同じ対象者グループに対し，介入操作の前（プレテスト）と後（ポストテスト）の2回，観察による指標の測定を行ない，そのデータを事前事後で比較するデザインもある。このようなデザインは**1群事前事後テストデザイン（one-group pretest-posttest design）**と呼ばれる（南風原，2001）。この場合，事前に観察された行動から，事後に観察された行動が変化したとすれば，独立変数の操作による行動変化であることが示唆される。ただし，これは事前と事後の間に，介入操作以外の要因による影響が一切及ばなければの話であり，実際は介入操作以外の要因をすべて排除することは難しい。たとえば，指標としてどのような行動データを測定するかにもよるが，事前と事後の2回にわたり測定することにより，単純に繰り返しによる練習や学習の効果が生じることも考えられる。

3　一事例実験デザイン

　対象者間の比較も，事前事後の比較も，これらの実験デザインでは対象者は集団が想定されている。しかし，実験デザインの中には，1人の対象者に対して行なう研究もあり，特に行動療法や応用行動分析学などに基づく心理臨床や教育の分野の実践で広く用いられてきた。このような実験デザインを**一事例実験デザイン（single case experimental design）**と呼ぶ。一事例実験デザインについては，第8章でも詳しく説明されているが，従属変数を反復的に測定し，時系列に沿った行動変化をとらえることを大きな特徴とする。そして，同一の対象者に対し，一定期間にわたって独立変数の操作を追加したり，除去したりしながら，その変数操作の有無に伴って行動の変化がどのように生じるかを検討する実験デザインである。たとえば，ある対象者に実施した禁煙プログラムの効果を検討する場合，従属変数として観察する行動データは，1日あたりの喫煙本数となる。まずは，介入操作を導入する前の状態での喫煙本数を一定期間毎日測定する。この期間をベースライン期と呼ぶ。すると，1日めは30本，2日めは36本，3日めは28本といったデータが得られたとする。その後，介入操作として禁煙プログラムを3日間実施し，その実施期間中の喫煙本数を毎日測定する。禁煙プログラム実施中の介入期には，喫煙本数が5本，2本，0

本に減ったとする。このように，一事例実験デザインでは，ベースライン期から介入期への喫煙本数の変化が，禁煙プログラムという介入操作の結果として起こるかを検討する。従属変数を測定する観察の回数は決まっているわけではないが，少なくともベースライン期と介入期の2期から構成されるものを最短とした場合，それぞれの期間における観察の回数は3回以上必要であると考えられている。

5節　観察法の限界

1　コストが高い

　観察法の最大のデメリットとなるものに，人的そして時間的なコストの大きさがある。かかるコストの大きさは，先に述べた行動の切り口による違いがあるが，たとえば，10分間のビデオカメラで記録されたデータを10秒間のインターバルで観察するという場合に，ノンストップで映像を見ても10分かかるところを，10秒ずつ映像を停止し，場合によっては巻き戻して何度も見直し，ということを繰り返してデータを起こしていく作業をする。対象者1名に対してそれだけの時間がかかるところを，集団のデータを扱うとなると数十名分のデータに対してその作業を行なうことになる。また，行動を観察することには主観が入る危険性が伴うことを冒頭にも述べたが，客観的で信頼性の高いデータであることを保証するために，**観察者間一致（interobserver agreement：IOA）**を評価する（第6章参照）。IOAの評価では，2名の観察者が同じタイミングで同じ行動をそれぞれ独立して観察し，その2名の観察者の記録を比較して一致率を算出する（Miltenberger, 2001）。一致率が高いほど，行動が客観的に定義され，2名の観察者が同じ行動に着目して観察できていたことを示していることから，より信頼性の高いデータと見なされる。IOAを高めるためには，当然ながら行動の定義をいかに客観的にするかが重要であるが，十分に高いIOAが得られるような行動の定義をつくるための作業として，2名の観察者の観察記録を比較し，一致しなかったところを協議して定義を改訂することを何度も繰り返す必要がある。そのようにして定義が変われば，当然ながらデータ

はまた一から観察することになる。このように，行動を見ることでしか得られないデータはあるが，そこには膨大な人的，かつ時間的コストがかかるのである。だからこそ逆に，観察による行動データを扱うことは貴重な研究となるともいえる。

2　文脈の影響を反映させることの限界

　先にも述べたが，行動を観察する際に文脈から切り離したかたちでデータを収集すると，実際の行動のもつ意味とデータとして表現される意味にズレが生じる可能性がある。研究で得られた知見が現実世界に適用できる程度のことを**生態学的妥当性（ecological validity）**というが（坂上，2012），文脈を考慮に入れない観察方法は，場合によっては生態学的妥当性が低いデータを生み出してしまう可能性がある。観察法の中には，相互作用の分析や機能的アセスメントのように，行動の前後の情報も含めて観察するような文脈を考慮に入れた方法もあるのだが，すべてがそのようなデータ収集の仕方にはなっていないことには注意が必要である。

3　実施の難しさ

(1) ビデオ等の記録機器の使用制限

　現在，研究実施のうえで倫理的な配慮についても強く求められるようになってきている。観察を実施するうえで便利な機器としてビデオカメラやICレコーダーはよく使われているが，特に実験室ではない教育現場や臨床現場の研究では，個人情報保護の観点から，このような機器を用いた記録については，現場の許可が下りないことが多い。機器を用いること自体が問題なのではないが，その後のデータの扱い方や管理方法など，細やかな配慮が必要なものであるため，危機管理の点から不許可となるケースも多々ある。直接観察で実施できる場合もあるが，先に述べたような文脈を考慮に入れた厳密な観察を行おうとした場合には，直接観察ではその場で観察できるものに限界があるため難しくなる。特に現場で行なう研究は，現場にその成果が還元されるということは非常に重要であり，研究者の興味関心のためだけではなく，現場に役立てられる情報としてどのように研究成果をフィードバックできるか，また研究の意義を現

場の方にどのように理解していただくかは，研究者として惜しまず努力しなければならない点である。

(2) プライバシーに直結する行動を扱う難しさ

　直接観察にしろ，間接観察にしろ，プライバシーに大きくかかわる行動については，研究目的とはいえ観察することが叶わない場合が多くあるだろう。たとえば，恋人との会話や親子のお風呂でのスキンシップのようすなど，聞き取り調査ではなかなか実態が見えてこず，観察することで新たに得られる知見も多くあると思われるが，なかなかそのような場面を観察する機会を設定することは難しい。

　特に観察法の限界にあげた3つめの点は，研究倫理にもかかわる話である。今までに行なわれたことがない斬新な視点の研究であっても，それが対象者のプライバシーや人権を脅かす危険性が大きい場合，研究者としてどうすべきか。観察法を採用することによる意義の裏側には，守るべき倫理もあることを忘れてはならない。

産物記録法

　観察法には，ある行動が生起したときにそれを直接観察する方法と，行動の結果生じたものを事後的に観察する方法がある。本章では，行動の結果生じる産物を事後的に観察して記録する方法である産物記録法について，レポートの作成や節電といった身近な話題を仮想事例として取り上げながら，実施方法，利点や限界について概説する。産物記録法は比較的容易に実施できる観察法であるが，データ収集前には利点や限界をしっかりと把握したうえで，産物記録法を用いることが適切か否か十分に検討し，実施する場合は実施方法を綿密に計画しておくことが必要である。

1 節　産物記録法とは

　産物記録法（permanent product recording）は，観察法の一種であり，行動そのものを観察するのではなく，**行動的産物**を観察して記録する方法である。行動的産物記録法と呼ばれることもある。行動的産物とは，ある行動の結果として生じる具体的なものや，環境に与える効果のことをいう（Alberto & Troutman, 1999 佐久間・谷・大野訳 2004, p.78）。行動的産物にはどのような

ものがあるだろうか。たとえば，大学の講義で書いたレポートは行動的産物である。パソコンや手書きでレポートを執筆するという行動の結果が，記録媒体に記録されたデータや原稿用紙に書かれた文字という産物として残っているのである。子どもが部屋の中で遊んだ後散らかったままのおもちゃも行動的産物である。遊ぶという行動の結果として，遊ぶために出したおもちゃが片づけられずに産物として残っているのである。街を見渡してもいろいろな行動的産物を見ることができる。駅前を歩いてみれば，駐輪場や放置禁止区域に自転車やバイクが止められている。自転車やバイクは，駐輪するという行動の結果として生じた行動的産物である。路上を見てみれば，道端にゴミが落ちている。これもゴミを投棄するという行動の結果生じた産物である。これら以外にも数えきれないほどの行動的産物が存在する。産物を生み出した行動について調べるためにこのような行動的産物を記録する方法が，産物記録法なのである。

続いて，産物記録法がこれまでどのように用いられてきたのか，そして現在どのように用いられているのかを見ていくことにしよう。

2節　産物記録法の利用

産物記録法は，学校，病院，家庭やコミュニティなどさまざまな場面における研究や実践活動で用いられている。また，いろいろな行動を調べるための方法として用いられている。たとえば，自分の内唇を噛むという習慣を減少させることを目的とした研究（Jones, Swearer, & Friman, 1997）では，ユニークな方法が用いられている。その研究では，対象者の口の中をハンカチで拭き，ハンカチに付着した血液のシミの数を産物として記録し，リラクセーションおよび内唇を噛む行動と競合する反応（ガムを噛む行動や下唇を舌でこする行動）をさせるという介入の効果が検討されている。オンラインコミュニティのフィクション作家の生産性を向上させることを目的とした研究（Porritt, Burt, & Poling, 2006）では，作家が書いた単語の数を産物として記録し，Webページにおけるグラフを用いたフィードバックなどの介入の効果が検討されている。ミラーら（Miller, Meindl, & Caradine, 2016）は，大学の建物にあるゴミ箱や

リサイクル用ゴミ箱に入ったリサイクル可能なものを産物として記録し，その重さを測定し，ゴミ箱の近さと視覚プロンプト（ゴミ箱に装着されたペットボトルと紙のコーヒーカップを表わす空の容器のサイン）がリサイクル率に及ぼす効果について検討した。

コステヴィチら（Kostewicz, King, Datchuk, & Brennan, 2016）は，行動研究のデータ収集方法についてまとめた論文で，直接観察（direct observation）と自動記録（automated recording）に加えて産物記録法を代表的なデータ収集方法としてあげている。この論文では，1958年から2013年までの間に行動に関する実験研究に関する雑誌（'*Journal of Experimental Analysis of Behavior*' など），応用研究に関する雑誌（'*Behavior Modification*' など）と行動療法に関する雑誌（'*Behavior Therapy*' など）に掲載された計2,091の研究がレビューされた。その結果，それらの研究のうち，産物記録法が単独で用いられた研究が472，産物記録法と直接観察があわせて用いられた研究が200，産物記録法と自動記録があわせて用いられた研究は111あったと報告されている。2,091の研究のうち，783の研究で，なんらかのかたちで産物記録法が用いられているのである。特に，行動療法に関する488の研究のうち，45％の研究で産物記録法が用いられている。このように，産物記録法は行動研究において主要なデータ収集方法となっている。

次に産物記録法をより具体的に知るため仮想の研究事例を取り上げる。

3 節　研究事例

1　仮想事例：「余裕をもってレポートを完成させるために」

大学などでは，授業の一環としてレポートを書くことが求められる場合が多いが，レポートの執筆になかなか気が進まず，提出直前になって慌てて執筆してなんとか完成させて提出できたという経験をしたことがある人もいるだろう。そして，もっと早く執筆に取りかかることができていればと後悔したり，次こそは毎日少しずつ執筆することにしようと決心したりすることもあるだろう。そこで，レポートの執筆という行動を取り上げ，産物記録法を用いた研究方法に

ついて考えてみる。

　どうすればレポートの執筆がはかどるのか。この方法を調べるためには，レポートがはかどったかどうかをどうやって調べるのかを考える必要がある。つまりレポートの進捗状況を何で測定するかということである。レポートの執筆の進捗度合を調べるためには，レポートの執筆に取り組んだ時間やレポートの執筆によって書かれた文字数を記録するのが実施しやすいと思われる。レポートの執筆に取り組んだ時間とレポートの執筆によって書かれた文字数はいずれも行動的産物である。レポートの執筆をはかどらせる方法として，自己記録（self-recording）と目標設定（goal setting）の効果を検討する。これらはレポートの執筆に取り組んだ時間とレポートの執筆によって書かれた文字数を毎日レポートの執筆者自身が記録する方法である。つまり日々どれくらいの時間レポートに取り組めたか，どのくらいの分量を書くことができたのかを明確にする方法である。目標設定は，毎日レポート執筆に取り組む前に取り組む時間と執筆する文字数の目標を設定するという方法である。自己記録と目標設定を実施しないセッションを6日間実施した後，自己記録と目標設定を実施するセッションを6日間行ない，最後に自己記録と目標設定を実施しないセッションを6日間実施した。その仮想データを図2-1と図2-2に示した。

　図2-1を見ると，執筆した文字数については，自己記録と目標設定を実施し

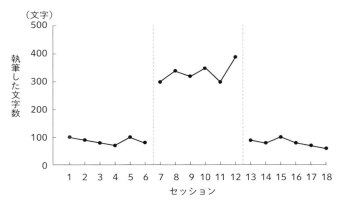

図2-1　執筆した文字数の推移

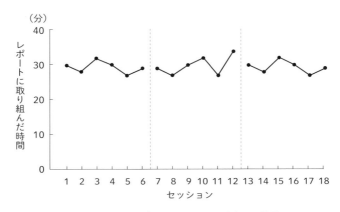

図 2-2　レポートに取り組んだ時間の推移

た時期に増加し，自己記録と目標設定を中止した後の 6 日間では，実施前の水準に戻っていることがわかる。一方，図 2-2 を見ると，執筆に取り組んだ時間は，自己記録と目標設定を実施してもほとんど変化していないことがわかる。このことから，執筆に取り組んだ時間は自己記録と目標設定を実施しても変わらないが，執筆した文字数は増加することがわかり，自己記録と目標設定が時間あたりの執筆量を増加させることが明らかになった。

　しかし，ここで重要なことは，文字数という産物を記録するだけではそのレポートの内容や質までは知ることができないということである。文字数が増加しても話にまとまりがないレポートである可能性もあるし，誰かの書いた文章を引用しただけのレポートかもしれないのである。そのため文字数といった産物を記録するだけではなく，内容や質を反映するような指標を同時に測定することも必要である。

2　仮想事例：「節電するには」

　省エネや節電は，地球のためだけではなく，家計のためにも重要な課題である。重要だとわかってはいても，エアコンの温度をかなり低く設定したり，見てもいないテレビをつけっぱなしにしたりすることはよくあるだろう。そこで，2 つめの仮想事例として，節電という行動を取り上げてみる。

どうすれば節電できるのか。節電できたかどうかを調べるためには，まず，何を記録して効果を確認するのか考える必要がある。節電できたかどうかを調べるためには，毎月の電気代を記録しその変化を見ることが考えられる。どちらも電化製品を使用するという行動の結果として生じる産物である。節電するための方法として，節電するための具体的な行動をリスト化し，それを毎朝毎晩見るという方法の効果を検討することにしよう。たとえば電源タップのスイッチは使い終わったらすべてオフにするなどの具体的な行動である。まずリストを作成し，そのリストを見ずに1年間生活した後，作成したリストを見て1年間生活し，最後にリストを見ずに1年間生活する。

　仮想データを示した図2-3を見ると，電気代は1年間で季節による変動はあるものの，リストを見ない最初の1年間と比較すると，減少していることがわかる。一方，リストを見た後で行なわれたリストを見ずに過ごした1年間の電気代は減少したままであることがわかる。このことから，リストを見ることで電気代の節約，すなわち節電ができ，リストを見なくなっても効果が維持された可能性があったといえる。

　しかし，電気代という産物を記録するだけでは，作成したリストの具体的な行動目標が達成できたかどうかはわからない。もしかしたら，たまたま旅行に行くことが多く，家にいない時間が長くなっただけかもしれないし，子どもが

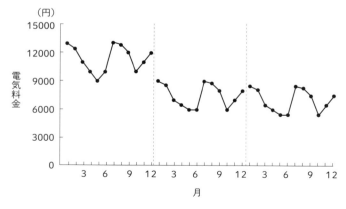

図2-3　各月の電気料金の推移

成長して家を出たためそのぶん消費電力が減少しただけかもしれない。行動のリストを見るという方法の効果があったかどうかを判断するためには，産物としての電気代を記録するだけではなく，記録期間に生じた他の要因も同時に記録しておくことが必要である。

次節では，産物記録法の実施方法について概説する。

4 節　産物記録法の実施方法

1　事前の検討

(1) 対象となる行動の決定

　実験研究や介入研究など，どのようなものであれ，まずは調べる対象となる行動を決定することが必要である。その際対象とした行動が，研究目的に合致する行動であるか，十分に検討する。

(2) 観察可能か，産物を生み出すか否か

　ルブランら（LeBlanc, Raetz, Sellers, & Carr, 2016）は，問題行動の治療と査定に関する測定手続きを選択するための意思決定モデルを提案している。意思決定モデルでは，まず問題行動が観察可能か否かを判断する。観察できないと判断された場合には，測定可能な環境内の物理的変化を問題行動が生み出すか否かを判断し，生み出すと判断できた場合に，産物記録法を用いることが適切であるとしている。このモデルは問題行動以外の行動を対象とした場合でも，測定手続きの選択に用いることができるだろう。また，産物記録法以外の観察法を用いる場合でも参考となるモデルである。なお，観察不可能であり，物理的産物も生み出さない行動を対象とする場合は，対象とする行動について再考が必要であるとしている。物理的産物を生み出す行動の場合には，その行動がどのような産物を生み出すのかを考え，研究目的を果たすにはどのような産物を測定すればよいかを検討する。記録した産物のデータを分析する方法もこの段階である程度考えておく必要があるだろう。

2　手続きの決定と道具の準備

(1) 具体的な記録手続きの決定

　記録する産物について，どのように記録するか，いつ記録するか，誰が記録するかなど詳細な手続きを決定する。記録方法を決めるにあたって最も留意すべき点は，記録を正確に行なえるようにすることである。

　まず，記録する産物について厳密な基準を決めておく必要がある。たとえば，複数名で産物を記録する場合を考えてみる。学校内での生徒の粗暴な行動を研究対象とした場合に，校内の壊れた備品の数を数えるとしよう。この場合，「壊れた備品」とはどの程度壊れている備品を指すのかが重要である。形状が変化している，本来の機能を果たさなくなっているなど，さまざまな状態が考えられる。そのため，観察実施前に考えられる備品の状態を列挙して，壊れた備品として記録する範囲について，観察者間での基準を統一しておく必要がある。複数の観察者が研究にかかわる場合は，記録する基準を明確にしておかなければ，観察者間で観察結果に差異が生じ，データの信頼性が低下する結果となってしまう。複数の観察者が参加するような場合，観察者の間で，各々が記録した結果について，記録内容が一致するか否か，あるいはその程度を検討する必要もあろう。もちろん，観察者が1人であっても，観察時期によって観察結果が変わらないようにするために，基準を明確にしておくべきである。

　具体的な記録方法に関しては，産物を直接見て記録するのか，撮影した写真を見て記録するのか，さまざまな方法があるため，状況に応じて選択する必要がある。たとえば，観察していることに気づかれてしまうと行動に影響が及ぶ場合には，観察する方法，場所や時間を工夫しなければならないし，産物が増減してしまう時間帯があるような場合は，その時間を避けて観察することが必要かもしれない。また，記録時間は，十分な量の産物を記録できる時間にする必要がある。介入によって行動を減少させたいときには，産物が少なすぎると，いわゆる床効果（floor effect）が生じ，減少したかどうかがわかりづらく，介入の効果を判断しにくくなる。

　フィールド研究で介入の効果を検討する際に，産物記録法を用いる場合，産物の増減の範囲が大きくなることがある。これは，行動に影響を与えるような想定外の要因が多々あるというフィールドの性質によるものである。想定外の

要因による産物の増減が大きい場合，介入の効果が隠蔽されてしまう可能性がある。そのため，想定外の要因の影響をなるべく排除できるような産物を記録すること，または排除できるような記録方法を採用することが必要である。また想定外の要因が生じたことが判明した場合，その要因について記録しておくことも重要である。

(2) 記録に必要な道具の準備

　記録用紙やカウンターなど，効率的に記録するために必要な道具を準備する。記録用紙は，測定したい産物を手早く記録できるように作成しておく。その際，産物の有無以外に測定時の周囲の状況など，付加的な情報についても記録できるようにしておくほうが，後の分析に役立つだろう。これは，先述した想定外の要因の影響を検討するためにも役立つと思われる。

3　観察の実施

(1) 予備観察の実施

　事前に計画した記録手続きで予備的に観察を実施し，記録手続きの課題を洗い出す。この段階で，ここまでの過程で決めた記録方法が適切かどうかを再度判断する。ここで観察に問題が生じるようであれば，本観察に移行する前に，問題を解消する必要がある。場合によっては，修正した観察方法によって再度予備観察を実施する必要もあろう。たとえば，想定よりも産物の数が多かった場合は，複数名で手分けして観察を行なうことになるかもしれない。

(2) 本観察の実施

　本観察を実施する。本観察実施の際には，予備観察までの過程で計画した記録手続きの流れについてマニュアル化したものを持参しておくのもよいかもしれない。特に複数の観察者が記録する場合はマニュアルを用いることで記録手続きを統一でき，記録内容の信頼性を担保できる。

(3) 記録した結果の分析

　本観察で記録したデータを分析する。研究データの視察や統計的分析によっ

て介入効果を検討する。

5 節　産物記録法の利点

1　行動を直接観察することが難しい場合でも利用できる

　行動の中でも直接観察することが不可能または現実的でない行動の場合は，産物記録法を用いることが好ましい（LeBlanc et al., 2016）。たとえば，対象者が観察されていることに気づいた場合，自然な状況であれば本来とるはずの行動をとらなくなる可能性がある。自転車やバイクを路上に放置するような行動は，観察されていることに気づくと，それを行なわなくなるかもしれない。これでは，自然な状況で放置駐輪行動を観察することができない。このような場合は，放置された車両の台数という行動的産物を気づかれないように記録することが望ましい。本書の第16章では，産物記録法を用いた放置駐輪に関する研究が紹介されている。また，直接観察を一定時間ずっと続けることが難しい場合もある。たばこのポイ捨て行動を調べる場合を考えてみよう。たばこのポイ捨て行動を対象とする場合，道行く人を観察して，たばこをポイ捨てするたびにその行動を記録することになるかもしれない。ただ，そのような観察方法では観察に時間もかかるし労力もかかる。このような場合は，一定時間経った後に，路上に落ちているたばこの吸い殻の数を数えることで，たばこのポイ捨て行動について調べることができるだろう。なお，本書の第15章では，タバコの不適切投棄の改善のため産物記録法を用いた研究が紹介されている。

タバコのポイ捨ての直接観察（左）と行動的産物の記録（右）

2　得られた行動的産物は保存することができる

　直接観察の場合は，行動を撮影できる場合を除いて，行動の瞬間しか観察の機会はない。しかし，産物記録法では，得られた行動のサンプルに耐久性があり，記録される前に消えてしまうようなことは滅多になく（Alberto & Troutman, 1999 佐久間ら訳 2004, p.78），産物を収集し，後で参考とするために保存することができる（Gresham, Watson, & Skinner, 2001）。このような長所があることから，観察時期を事前に決めておき，その時期に測定しさえすれば，データをまとめて収集することができる。

3　特別な装置を必要としない

　特別な装置を必要とせず，カウンターや筆記具と紙などがあれば記録できる。現在ではスマートフォンやタブレット端末など，産物記録法を実施しようと思えば，気軽に利用できる電子機器がたくさんある。記録したデータを送信することもできるし，即座に図表化することもできる。

6 節　産物記録法の限界

1　産物が誰によって生み出されたかわからない

　グレシャムら（Gresham et al., 2001）は，産物記録法を利用する際に留意すべき点として，産物の所有者を容易に決めることができない場合をあげている（たとえば，他人の所有物の破損，落書きやゴミなど）。放置自転車であれば，その自転車を誰が放置したのかわからない。したがって，ポスターを設置した結果，放置自転車が減少した場合，産物を生み出すような誰かの自転車放置行動が減少した可能性があることまでは推測できるが，誰の行動が変化したのかまではわからないのである。

2　産物がどのようにして生み出されたのかがわからない

　記録するのは産物であるため，それが生み出されたときの状況まではわからない。たとえば，路肩に廃棄されたゴミを観察する場合，車の中から投げ捨

られたのか，車から誰かが降りて置いていったのかなど，廃棄の具体的な方法について明らかにすることはできない。また，どんな人が廃棄したのかもわからない。さらに，いつ廃棄されたのか，1回あたりどれくらいの量が廃棄されたのかも知ることは難しい。廃棄物処理業者がトラックで大量の物を廃棄した可能性や，複数の人が自動車で運搬してきて廃棄した可能性など，さまざまな可能性が考えられるが，産物のみから知ることは困難である。

3　産物と行動に対応関係が十分にあることが必要である

ルブランら（LeBlanc et al., 2016）は，産物記録法の有用性は，行動の観察が間接的であるという性質によって制限を受けるとしている。具体的には，行動が確実に産物を生み出すこと，そして，産物が他の行動や事象によってしばしば生み出されてはならない，という条件によって制限を受けているとしている。対象とした行動が生起したときに生み出されるはずの産物が，それ以外の行動によって生み出されてしまっては，研究対象とした行動の変化について知ることができなくなってしまうのである。たとえば，自傷行動を減らそうという介入を実施しているときに，傷の数を数えるとする。これによって自傷行動に対する介入の効果を調べることができるだろうか。必ずしも体の傷が自傷行動によるものではなく，自傷行動以外のなんらかの事象，たとえば過って階段から転落することによって傷を負う可能性も考えられることから，傷の数と行動との対応関係は十分とはいえず，介入の効果を厳密に知ることはできない。したがって単純に傷の数を数えるだけでは不十分であり，記録手続きに工夫が必要である。

産物記録法は，多くの研究や実践活動で用いられている。容易に実施でき，利点も多くあるが，同時に限界もあるため，利点と限界について理解を深めたうえで，利用することが必要である。

時間見本法

　本章では、時間見本法（タイムサンプリング法）について解説する。時間見本法は、行動を直接観察し、データを収集する方法である。観察では、一定の時間間隔を観察単位とし、主に量的なデータの収集を行なう。観察による量的なデータの収集方法として、行動分析学、発達心理学など多様な領域で用いられている。本章では、代表的な時間見本法として、インターバル記録法と瞬間タイムサンプリング法について解説していく。

1節　時間見本法の種類

　時間見本法あるいは**タイムサンプリング法（time sampling）**とは、一定の時間間隔を観察単位として行動の生起を記録する方法である。観察単位となる時間間隔は、インターバルと呼ばれる。基本的な手続きとしては、観察時間全体をインターバルに区切り、各インターバルにおける行動の生起を記録する（Cooper, Heron, & Heward, 2007 中野訳 2013）。行動が生起したインターバル数は、行動の頻度や持続時間の推定値である。時間見本法では、行動の生起インターバル数を測定することによって行動の量的なデータの収集を行なう。

時間見本法の代表的なものに**インターバル記録法（interval recording）**と瞬間タイムサンプリング法（momentary time sampling）がある（Alberto & Troutman, 1999 佐久間・谷・大野訳 2004; Cooper et al., 2007 中野訳 2013; Miltenberger, 2001）。インターバル記録法と瞬間タイムサンプリング法は，観察のタイミングが異なる。インターバル記録法がインターバルのすべてを対象に観察を行なうのに対して，瞬間タイムサンプリング法はインターバルの終了の瞬間のみを対象に観察を行なう。本書では，インターバル記録法と瞬間タイムサンプリング法を含むものとしてタイムサンプリング法（時間見本法）という用語を用いているが，専門家の中には瞬間タイムサンプリング法のみを指してタイムサンプリング法という用語を用いている場合もある（Alberto & Troutman, 1999 佐久間ら訳 2004; Cooper et al., 2007 中野訳 2013; Miltenberger, 2001）。

　インターバル記録法と瞬間タイムサンプリング法は，量的なデータを収集する方法であるが，時間見本法によって質的なデータを収集することもできる（南風原・市川・下山, 2001）。質的なデータの収集は，自由記述法によって可能となる。自由記述法は，一定の時間間隔の中で観察した行動を自由記述によって記録する方法である。一定の時間（たとえば 20 秒）観察を行なった後すぐに一定の時間内（たとえば 40 秒）で記録を行なう。この観察と記録のセットを繰り返し実施し，質的なデータの収集を行なう。自由記述法は，インターバル記録法や瞬間タイムサンプリング法などの量的なデータ収集のための予備観察で用いられることが多い。収集した質的なデータをもとに，量的なデータ収集のためのカテゴリーの作成や観察単位の設定を行なうのである。

1　インターバル記録法

　インターバル記録法は，観察時間全体をインターバルに区切り，各インターバルで行動の生起をチェックする方法である。インターバルは，通常，数秒から数十秒の長さに設定される。インターバル記録法では，行動が生起したインターバル数と非生起だったインターバル数が測定される。多くの場合，観察インターバル数（生起インターバル数＋非生起インターバル数）に対する行動の生起インターバル数の割合（％）を算出して，分析を行なう。

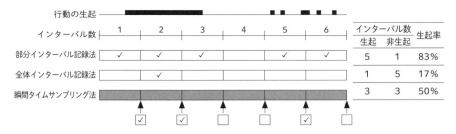

図 3-1　時間見本法による観察
注）各記録法の白抜きは観察の実施を表わし，グレー部分は非実施を表わす。

　インターバル記録法は，行動の生起インターバルの判断基準によって，**部分インターバル記録法（partial interval recording）**と**全体インターバル記録法（whole interval recording）**の2つに分かれる。部分インターバル記録法では，インターバルの中で1度でもその行動が起これば,生起インターバルとする(図3-1)。そのため，1つのインターバルの中で行動の生起を複数回観察した場合でも生起インターバル数は1となる。全体インターバル記録法では，インターバルの最初から最後まで行動が続くことで初めて生起インターバルとする（図3-1）。そのためこの記録法の場合は，インターバルの一部で行動が生起しているだけでは,生起インターバルにはならない。これらの特徴から,部分インターバル記録法は，比較的持続時間の短い行動に対して，全体インターバル記録法は，比較的持続時間の長い行動に対して実施される。また，いずれの記録法も，インターバルが短いほど，観察の負担は増えるが，実際の行動の状況を正確に測定することができる。

部分インターバル記録法に向く行動の例（左）と全体インターバル記録法に向く行動の例（右）

　部分インターバル記録法と全体インターバル記録法では，記録のタイミングが異なる。部分インターバル記録法の場合は，行動の生起の記録は，行動が生起したタイミングで行ない，行動の非生起

第 3 章　時間見本法

の記録は各インターバルの終了時に行なう。これに対して，全体インターバル記録法の場合は，行動の生起と非生起のどちらの場合も，各インターバルの終了時に記録を行なう。各インターバルで観察の直後に記録のための時間を設けることもある。インターバルの終了は，タイマー等の機器を用いて把握する。各インターバルの終了時に音や振動を設定することで，現在のインターバルの終了と次のインターバルの開始を知る。音を使う場合はイヤフォンを使用することで，観察対象への影響を少なくすることができる。

○インターバル記録法を用いた研究

ホールら（Hall, Lund, & Jackson, 1968）の研究では，小学校の授業場面において，児童の勉強行動を対象にインターバル記録法を用いた観察を実施し，教師の注目を用いた分化強化の効果を検討している。分化強化とは，特定の行動を強化し，それ以外の行動を強化しない（消去する）ことである。研究では，小学校の授業場面で勉強行動が少なく，離席などの逸脱行動が多い小学１年生と３年生の複数の児童を対象に観察を行なった。観察の対象となった行動は，授業中の対象児の勉強行動と教師の注目行動であり，１セッションの観察時間は30分であった。30分を10秒のインターバルに区切り，インターバルごとに行動の生起を記録した。勉強行動の定義は，対象児が取り組んでいる授業の内容によって異なっていた（たとえば，国語の時間に５秒以上課題の上でペンを持っている）。教師の注目行動は，対象児への声かけと対象児の側にいること（対象児の３フィート［約90センチ］以内にいる）を測定した。観察者は，教室の端に座って，記録用紙を用いて記録を行なった（図3-2）。記録から，セッ

秒　　　　　1分

10	20	30	40	50	60																		
N	N	N	N	N	N	N	S	S	S	N	N	S	S	S	S	N	N	N	N	N	N	N	N
		T	T	T							T											T	T
			/	/				/			/												

行1　N：非勉強行動（Non-Study Behavior）　S：勉強行動（Study Behavior）
行2　T：児童に対する教師の声かけ
行3　/：教師が近くにいる（教師が30フィート以内にいる）

図3-2　記録用紙とコード記号（Hall et al., 1968より作成）

ションごとに勉強行動のインターバル生起率を算出し，介入の効果を検討した。介入では，勉強行動に対して教師が注目を向け，それ以外の行動に対しては注目を向けないという手続きを実施した。その結果，いずれの児童の勉強行動にも増加が見られ，注目による分化強化の効果が示された。分析では，教師の注目行動と対象児の行動（勉強行動または非勉強行動）の関連についても検討している。

　勉強行動の他にインターバル記録法を用いた研究としては，自傷行動（Iwata, Dorsey, Slifer, Bauman, & Richman, 1994），授業妨害行動（田中・鈴木・嶋崎・松見，2010），乗車行動（松本・大河内，2003）等の測定に用いられた例がある。本書の第3部でも，インターバル記録法を使用した研究が紹介されており，保育士の支援行動（第11章）の観察が行なわれている。

2　瞬間タイムサンプリング法

　瞬間タイムサンプリング法は，観察時間全体をインターバルに区切り，各インターバルの終了の瞬間において観察を行ない，行動の生起をチェックする方法である（図3-1）。これは，ポイントサンプリング法とも呼ばれる。インターバルに区切る点は，インターバル記録法と同様であるが，インターバルのすべてで観察を行なわない点が異なっている。たとえば，10分間のインターバルの終了時点での観察を行ない，行動の生起をチェックするという方法である。他にも，平均すると10分間になるが，各インターバルの長さはランダムに設定し（7分，13分，10分…），各インターバルの終了の瞬間を観察する方法もある。インターバルの中に観察しない時間があるため，インターバル記録法で設定するインターバルの長さよりも長い時間を設定することが多い。インターバル記録法が通常，インターバルの長さを数秒から数十秒で設定するのに対して，瞬間タイムサンプリング法では通常，数分から数十分のインターバルを設定する。瞬間タイムサンプリング法も，インターバル記録法と同様に，行動の生起と非生起のインターバル数を測定する。そのため，この記録でも多くの場合，生起インターバルの割合（％）を算出して，分析を行なう。

　瞬間タイムサンプリング法は，インターバルのすべてで観察を実施しない点が大きな特徴であり，このことによるメリットとデメリットが存在する。メリッ

トは，観察を行なわない時間があるぶん，インターバル記録法よりも実施のコストが少ない点である。インターバルを長いものに設定すれば，1日をとおした観察等の長時間の実施も可能である。一方で，観察を実施していない期間に生じた行動を測定しそこなうというデメリットがある。そのため，瞬間タイムサンプリング法は，観察時間全体の中で頻繁に生じる行動や，長時間持続する行動に対して適用することが望ましい。行動を測定しそこなう可能性は，インターバルが長くなるほど高まる。これは，インターバルが長くなるほど，観察を実施しない時間が長くなるためである。

○瞬間タイムサンプリング法を用いた研究

　ハンレイら（Hanley, Tiger, Ingvarsson, & Cammilleri, 2009）の研究では，幼稚園の自由遊び場面において，園児の活動を対象に瞬間タイムサンプリング法を用いた観察を実施し，園児の活動の選好に対する介入の効果について検討した。ここでは，幼稚園の教室で，3歳半から5歳半の幼稚園児20名を対象に観察を行なった。観察の対象となった行動は，幼稚園の自由遊び場面での園児の活動であり，1セッションの観察時間は18分であった。18分を90秒インターバルに区切り，各インターバルの終了時の園児の活動を記録した。なお，1回めの観察は観察開始直後に実施された。90秒インターバルで20名の園児を対象としていたため，4～5秒ごとに対象の園児を変更して観察を行なった。たとえば，A児の2回めの観察が観察開始から95秒後の場合（1回めの観察は開始から5秒後）は，3回めの観察は開始から185秒後となる。また，A児に続いて観察を行なうB児の場合は，2回めの観察が開始から100秒後，3回めの観察は190秒後となる。18分を90秒インターバルで区切るため，各園児について12回の観察を行なった。各観察では，自由遊び場面で設定された9つの活動（コンピュータ，ブロック，教育，科学等）のうち，いずれの活動を行なっているかを記録した。観察の対象となる9つの活動は，それぞれ異なる場所に配置されていた。観察中は，園児が特定の活動の場所にいた場合，その活動を示す記号（アルファベット1文字）を記録用紙に記入した。記録から，セッションごとに各活動に対する全園児の従事率を算出し，分析を行なった。従事率の分析から，園児に好まれる活動（従事率が高い）と好まれない活動（従事

率が低い）が明らかになった。また，園児に好まれていないが，重要な活動（教育，図書館，科学）の従事率を高めるために，2つの介入を実施し，それぞれの効果を確認した。

　ハンレイら（Hanley et al., 2009）は，瞬間タイムサンプリング法を用いて複数の対象者の観察を実施しているが，複数の対象者の測定はインターバル記録法によっても実施することができる。たとえば，授業中の6名の行動を15秒インターバルのインターバル記録法で測定する場合，A児の観察を15秒間実施（観察開始直後〜15秒後）した直後に，B児の観察を15秒間（観察開始15秒後〜30秒後）実施することとなる。もしこの観察を15秒間ではなく，それぞれのインターバルの終了時点で行なえば瞬間タイムサンプリング法であり，このときのインターバルは90秒となる。

　ハンレイら（Hanley et al., 2009）が行なった園児の自由遊び場面の活動の他に瞬間タイムサンプリング法を使用した研究としては，授業妨害行動（Kubany & Sloggett, 1973），独語行動（太田・齋藤，2014）等の測定に用いられた例がある。本書の第3部でも，瞬間タイムサンプリング法を使用した研究が紹介されており，大学生の講義中の私語（第14章）の観察が行なわれている。

3　インターバル記録法と瞬間タイムサンプリング法の特徴

　インターバル記録法や瞬間タイムサンプリング法では，頻度と時間の情報を含んだ量的なデータを収集する。2つの記録法はともに，行動の頻度や従事時間を行動の生起インターバル数に変換し，記録する。生起インターバル数は，行動の頻度や従事時間の推定値であるため，頻度に注目する必要のある行動と従事時間に注目する必要のある行動のいずれにも適用することができる。また，頻度と時間の情報を含んだデータであるため，頻度と時間を組み合わせて評価する必要のある行動にも適用可能である。たとえば，離席行動の減少に対する介入の効果を観察する場合に，観察の当初は離席行動の回数が多いことが問題だったが，途中から1回の離席行動の時間が非常に長くなり，回数よりも時間を評価しなければならないような場合である。このような場合でも，生起インターバル数を用いていれば，特に問題なく行動の生起について評価することができる。これらに加えて，行動が生起した時間に関する情報を含むため，観察

時間のどこで行動が生起しやすいのか，または生起しにくいのかといった行動の分布についても知ることができる。

　量的なデータを収集する際に，インターバル記録法や瞬間タイムサンプリング法は，第4章で扱う連続記録法よりも広い範囲の行動に適用することができる。行動の実際の頻度や持続時間は，連続記録法の事象記録法や持続時間記録法を用いたほうが，インターバル記録法や瞬間タイムサンプリング法よりも直接的で正確なデータを収集することができる。しかしながら，事象記録法や持続時間記録法は，正確なデータを収集できる一方で，適用できる行動が限られている。これらの記録法は，開始と終了が明確に定義できる独立した行動でないと適用することができないのである。これに対して，インターバル記録法や瞬間タイムサンプリング法の場合は，1回1回の行動が明確に分離できない行動であっても実施することが可能である。また，非常に高頻度で生じるために事象記録法では回数を正確に測定することが難しい行動に対しても，インターバル記録法や瞬間タイムサンプリング法を用いることで，信頼性の高いデータを収集することができる。

　他にも，インターバル記録法と瞬間タイムサンプリング法は，インターバルの長さが，測定の正確性やコストに影響するという特徴をもっている。どちらの記録法もインターバルが短くなるほどデータの正確性は高まるが，それと同時に観察にかかるコストも高まる。そのため，どちらの方法を用いる場合も，観察する対象となる行動に合った適切なインターバルを設定する必要がある。

2 節　時間見本法の実施方法

1　観察対象と記録方法の決定

　観察の対象となる行動と対象者を決定する。行動は各自の研究のテーマに合わせて，適切なものを決定する。合わせて，観察の対象者を選定する。対象者が1名の場合と複数の場合では，適切な記録方法も異なるため，記録方法を検討する前に決めておく。

観察対象とする行動の頻度や持続時間，観察対象者の人数等を考慮し，部分インターバル記録法，全体インターバル記録法，瞬間タイムサンプリング法のいずれの記録法を用いるのかを決定する。対象となる場面における行動の頻度や持続時間が不明の場合は，自由記述法等を用いた予備観察を行ない，必要な情報を収集する。また，対象となる行動について観察を実施している先行研究を確認し，適切な記録方法を検討する。

2 行動の定義の作成

　正確な観察を実施するために，行動の定義を作成する。行動の定義は，複数の観察者が，同じ行動に対して，同一の記録を行なうことができるように具体的に記述する必要がある。誰が行なっても同一のデータを収集することができる明確な行動の定義を作成することで，観察の信頼性を高めることができる。
　複数の行動を同時に観察する場合には，各行動の正確な定義を行なう必要がある。各行動が相互に区別可能な独立したものとなるように定義を作成する。また，観察する行動の種類があまりに多くなりすぎると観察を行なうことが困難になるため，経験的な目安として行動の種類は 10 以下であることが望ましい。

3 インターバルの長さと観察時間の決定

　予備調査や先行研究をもとに，インターバルの長さと 1 セッションあたりの観察時間を決定する。インターバルは，その長さが短いほど正確な記録となる一方で，観察のコストは高くなる。そのため，行動の状況（頻度，持続時間等）に合った適切な長さを設定する必要がある。これに加えて，インターバルの長さの設定にあたっては，記録の容易さや，観察者の疲労等も考慮する。観察時間についても，行動の状況，記録の容易さ，観察者の疲労等を考慮して決定する。
　インターバルや観察時間を観察中に確認する方法についても決定する。観察中に時間を確認するために，時計やストップウォッチを用いると，時間を確認しそこなうことによるずれが生じる可能性がある。そのため，確認の必要のない振動や音声を使用する方法が望ましい。音声を使用する場合には，必要なタイミングを事前に録音し，イヤフォンで聞きながら観察を行なうと，観察対象

への影響も少ない。録音する場合は，インターバル数を録音しておくと，誤って記録する可能性を低くすることができる。

4　記録用紙の設計

　行動の記録は，行動の生起に対して該当する欄にチェックを行なう方法とコード記号を記入する方法がある（図3-3）。チェックを行なう方法は，観察する行動が単一の場合でも，複数の場合でも使用する。これに対して，コード記号を記入する方法は，観察する行動が複数の場合に使用する。複数の行動に対して，チェックを行なう方法を使用する場合は，観察対象となる各カテゴリーに対応する列を設ける。各インターバルの中で，それぞれのカテゴリーに該当した行動が生起した場合に，該当するマスにチェックを入れる。コード記号を用いて複数の行動を記録する場合は，各カテゴリーに該当するコード記号を事前に決めておく。観察では，各カテゴリーに該当する行動が生起した場合，該当するインターバルのマスに生起したカテゴリーのコード記号を記入する。コード記号は，1，2，3などの抽象的な記号よりも，カテゴリー名の頭文字等，カテゴリーを表わす記号のほうが，記入しやすい。また，コード記号を使用する場合には，記録用紙にコード記号と凡例を記載しておく。この他にも，チェックとコード記号を組み合わせた方法もある（図3-3）。この場合は，各インターバルのマスの中に，カテゴリーを表わすコード記号をあらかじめ印刷しておく。観察で各カテゴリーに該当する行動の生起を確認した場合には，該当するインターバルのマスの中のカテゴリー名にチェックを行なう。

　記録用紙には，行動を記録する欄に加えて，観察実施における基本的な内容を記入する欄と備考欄を設ける。基本的な内容には，観察実施日，記録の開始時刻および終了時刻，観察者名，対象者名，観察場所がある。他にも，必要に応じて，天候などを記載する欄を設ける。これに加えて，備考欄を設定し，観察対象ではないが研究上重要な行動や状況等を適宜記入する。備考欄に記入した内容から，結果の解釈や考察において役立つ情報が得られることもある。

チェックを行なう方法（単一の行動）の記録用紙例

離席	10″	20″	30″	40″	50″	60″
1′					✓	✓
2′						

チェックを行なう方法（複数の行動）の記録用紙例

1′	10″	20″	30″	40″	50″	60″
課題従事		✓	✓			
私語			✓	✓		
離席					✓	✓

2′	10″	20″	30″	40″	50″	60″
課題従事						

コード記号を記入する方法（複数の行動）の記録用紙例

S：課題従事　T：私語　O：離席

	10″	20″	30″	40″	50″	60″
1′		S	S T	T	O	O
2′						

チェックとコード記号を組み合わせた方法（複数の行動）の記録用紙例

S：課題従事　T：私語　O：離席

	10″	20″	30″	40″	50″	60″
1′	S T / O	Ⓢ T / O	Ⓢ T / O	S Ⓣ / O	S Ⓣ / Ⓞ	S T / Ⓞ
2′	S T / O	S T / O	S T / O	S T / O	S T / O	S T / O

図 3-3　時間見本法における記録用紙

5　予備観察の実施

　予備観察を実施し，前述の2〜4について修正を行なう。予備観察では，主として観察を行なう第一観察者だけでなく，信頼性を算出するために観察を実施する第二観察者も観察を実施する。観察者間で記録が一致しない場合は，行動の定義を見直す等の修正を行なう。予備観察で問題がなければ，いよいよ観

察の実施である。

　観察の際にビデオカメラを用いる場合も上記の手順で進める。ビデオカメラによる観察では，映像を停止したり，戻したりして，対象となる場面を確認することなどもできるのでより正確なデータを測定することが可能となる。ビデオカメラを用いる場合にもビデオ撮影と合わせて，直接観察を実施し，補足的な記録を行なっておくと情報の不足を防ぐことができる。

連続記録法と事象見本法

　本章では，連続記録法と事象見本法について解説する。連続記録法と事象見本法は，いずれも第3章の時間見本法と同様，行動を直接観察し，データを収集する方法である。時間見本法が行動分析学，発達心理学などの多様な領域で用いられるのに対して，連続記録法は主に行動分析学の領域で，事象見本法は主に発達心理学などの行動分析学以外の心理学の領域で用いられる。行動分析学の領域では，観察時間全体を一定の時間間隔に区切って観察を行なう時間見本法に対して，観察時間を区切らずに連続的に観察する方法として連続記録法が紹介される。一方で，行動分析学以外の心理学の領域では，時間を観察単位としてサンプリングする時間見本法（タイムサンプリング法）に対して，事象や行動を観察単位としてサンプリングする方法として事象見本法（イベントサンプリング法）が紹介される。本章では，連続記録法と事象見本法のそれぞれについて解説していく。

1節　連続記録法と事象見本法

　連続記録法（continuous recording）は，観察時間中の行動の生起を直接記録

する方法である。時間見本法（第3章）では，1回の観察時間全体を小さな時間間隔（インターバル）に区切り，行動が生起したインターバル数を求めるが，連続記録法では，1回の観察時間全体の中で連続的に行動の頻度や持続時間等を測定する（Alberto & Troutman, 1999 佐久間・谷・大野訳 2004; Miltenberger, 2001）。観察時間中，行動を連続的に記録する連続記録法に対して，時間見本法はインターバルごとに区切って記録を行なうため**非連続記録法（discontinuous recording）**と呼ばれることもある（Mudford, Taylor, & Martin, 2009）。時間見本法で測定される行動の生起インターバル数は，行動の頻度や持続時間の推定値である。これに対して連続記録法は，行動の頻度や持続時間を直接測定するため，行動の生起状況をより正確にとらえることができる。

観察時間をインターバルに区切らずに行動の観察を行なう方法として，連続記録法の他にも，**事象見本法（event sampling）**がある。連続記録法が行動に焦点を当てて観察を行なう一方で，事象見本法は行動に加えてその状況等の文脈も合わせて観察を行なう。事象見本法では，行動がどのように始まり，どのような経過をたどり，どのように終結するのかを観察する。この方法では，行動と合わせてその時の状況についても観察することによって，文脈の中で行動をとらえる。たとえば，喧嘩に対して事象見本法を実施する場合は，喧嘩の開始から終結までの観察を行なう。ここでは，喧嘩の持続時間だけでなく，喧嘩が生起した場所や時間帯，喧嘩の原因や終結方法等の指標を用いて観察を行なう。複数の指標を用いることによって，行動を文脈の中でとらえることが可能となる。

連続記録法が毎回の観察セッションにおける行動の量に注目したアプローチであるのに対して，事象見本法は収集した行動の事例全体から行動の特性を明らかにするアプローチである。連続記録法は，観察セッションごとに頻度や持続時間等の行動の量的なデータを測定する。たとえば，泣く行動の頻度を測定する場合には，第1セッションでは3回，第2セッションでは5回というかたちでデータを収集する。このデータをもとにグラフを作成したり，各種の統計量（平均等）を算出し，分析を行なう。連続記録法は，時間見本法と同様に，観察セッションごとの行動の時系列的な変化をとらえることができるため一事例実験デザインにおいて用いられることが多い。これに対して，事象見本法は，観察セッションごとではなく，観察全体で収集した行動の事例の総数をもとに

分析を行なう。たとえば，全10回の観察をとおして，収集した50事例の「泣く」行動について，大人が対応した事例とそうでない事例の割合等を算出することとなる（大人が対応したのは30事例であり全事例の60％等）。

2節　連続記録法

連続記録法は，量的なデータの収集に用いる。連続記録法では，観察時間の間，行動が生起するたびに記録を実施し，観察セッションごとの行動の頻度や持続時間等を測定する。測定する対象となる行動の次元に合わせて，記録方法が異なる。対象となる行動の次元が頻度の場合は**事象記録法 (event recording)**，持続時間の場合は**持続時間記録法 (duration recording)**，潜時の場合は**潜時記録法 (latency recording)** を用いる。

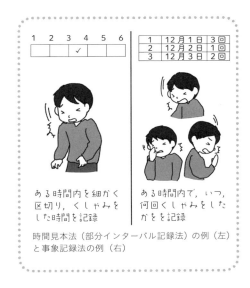

時間見本法（部分インターバル記録法）の例（左）と事象記録法の例（右）

1　事象記録法

事象記録法では，対象となる行動が生起するたびに記録を行ない，行動の頻度を測定する（図4-1）。記録は，直接記録用紙に記入していく方法の他にも，カウンター等の機器を用いた方法もある。観察で得られた生データは，観察時間が一定の場合はそのまま生起頻度として使用することができる。観察時間が異なる場合は，観察時間で割って，生起率を算出する（1分あたりの生起回数等）。

事象記録法の長所は，行動の頻度を最も正確に測定できることと，実施が簡便なことである。これらの長所がある一方で，事象記録法は適用できる行動が限定されるという短所がある。適用できる行動は，開始と終了が明確な行動に

単一の行動の記録

No	日時	開始時刻	終了時刻	言葉による要求	行動の生起数
1	2016/7/1	9：00	10：00	下	3
2	2016/7/2	9：00	10：00	正 丁	7

複数の行動の記録

No. 1　日時（2016/7/1）　　開始時刻（9：00）− 終了時刻（10：00）

	記録	行動の生起数
言葉による要求	下	3
絵カードによる要求	正 一	6

No. 2　日時（2016/7/2）　　開始時刻（9：00）− 終了時刻（10：00）

	記録	行動の生起数
言葉による要求	正 丁	7

図 4-1　事象記録法の記録例

限られている。開始と終了が明確でない行動の場合は第3章で扱った時間見本法を適用する必要がある。他にも，事象記録法以外の方法を用いることが望ましいものには，正確に数えられないほど高頻度な行動や，持続時間の長い行動がある。持続時間の長い行動については，時間見本法や次の持続時間記録法を用いて観察を行なう。

○事象記録法を用いた研究

　レップとディッツ（Repp & Deitz, 1974）の研究では，知的障害のある児童の攻撃行動と自傷行動を対象に事象記録法を用いた観察を実施し，他行動分化強化の手続きを含む介入パッケージの効果について検討している。他行動分化強化の手続きでは，一定時間対象となる行動が生起しなかったときに好子が提示される（好子出現阻止の弱化）。ここでは，知的障害のある児童4名（8〜13歳）を対象に観察を行なった。観察の実施場所は，2名の児童は入所施設で，残りの2名の児童は教室であった。観察の対象となった行動は，攻撃行動，自傷行動，攻撃行動に代わる適切な行動で，児童ごとに異なる行動が観察された。行動の定義（たとえば，他者を噛む，叩く，ひっかく，蹴ることを攻撃行動と定義する）や観察時間も児童ごとに異なっていた。対象となる行動の定義につい

て訓練を受けた観察者が観察を実施した。観察者は，対象となる行動を観察するたびにカウンターを用いて記録を行なった。記録から，セッションごとに1分あたりの生起頻度を算出し，介入の効果を検討した。介入パッケージは他行動分化強化の手続きを用いる点は4名とも共通していたが組み合わせる介入手続き（タイムアウト等）は児童ごとに異なっていた。結果から，いずれの児童も対象となる行動が改善し（攻撃行動または自傷行動の減少，適切な行動の増加），他行動分化強化の手続きを含む介入パッケージの効果が示された。

　事象記録法は，攻撃行動や自傷行動の他にも，泣き行動（Hart, Allen, Buell, Harris, & Wolf, 1964），援助要求行動（佐藤・島宗・橋本，2003），車椅子駆動動作（佐々木ら，2016）等の測定にも用いられている。本書の第3部でも，事象記録法を使用した研究が紹介されており，その中で小学生の授業中の注目行動（第10章），小学生の向社会的行動や抑うつ行動などの対人行動（第13章）の測定が行なわれている。

2　持続時間記録法と潜時記録法

　持続時間記録法では，行動の開始から終了までの時間を測定する。この記録法が適用できるのは，事象記録法と同様，開始と終了が明確な行動に限られる。持続時間記録法の測定方法には，行動の持続時間を観察中に直接測定する方法と，観察後に記録をもとに算出する方法がある。持続時間を直接測定する場合は，ストップウォッチ等を使って行動の開始から終了までの時間を計測する。行動の計測が終了した時点で，記録用紙に持続時間を記入していく。これに対して，持続時間を観察後に算出する場合は，観察中に行動が開始した時刻と終了した時刻を記録する。この記録をもとに，観察後に持続時間を算出する（図4-2）。

　観察で得られた生データから観察セッションごとの合計持続時間や平均持続時間を算出する。合計持続時間は，1回の観察セッションの中で測定した各行動の持続時間を合計して求める。合計持続時間を観察時間で割ることによって，持続時間パーセンテージを算出する場合もある（Miltenberger, Rapp, & Long, 1999）。平均持続時間は，合計持続時間を観察の中で測定した行動の頻度で割ることによって求める。合計持続時間は観察中にどれくらい対象となる行動に従事しているのかを示し，平均持続時間は1回の行動がどれくらい持続するの

No.1
日時（2016/7/1）　　　　観察開始（9：00）－観察終了（9：45）

着席		持続時間
行動開始	行動終了	
9：11：45	9：28：50	17分5秒
9：35：12	9：40：28	5分16秒

図4-2　持続時間記録法の記録例

かを示す。どちらの指標を用いるのかは，研究目的に合わせて決定する。

　持続時間記録法は，生データを頻度等の持続時間以外の行動の次元に変換することができる。生データの頻度への変換は，持続時間を直接測定する方法と観察後に算出する方法のどちらの場合でも可能である。直接測定する方法の場合は，記録した持続時間の記録数が行動の頻度を表わす。これに対して，観察後に算出する方法の場合は，開始時刻と終了時刻のセットの記録数が行動の頻度を表わす。他にも，観察後に算出する方法の場合は，時間見本法で用いた行動の生起インターバル数に変換することも可能である。また，開始時刻と終了時刻の記録から，行動が生起しやすい時間帯等の行動の分布に関する情報も得ることができる。

　潜時記録法では，特定の刺激の提示から行動の開始までの時間（潜時）を測定する。たとえば，着席の指示（特定の刺激）が出てから着席する（行動の開始）までの時間を測定する。潜時記録法も，持続時間記録法と同様に，行動の時間の次元を測定しているが，測定する時間のタイミングが異なる。潜時記録法が行動を始めるまでの時間（たとえば，着席までの時間）を測定しているのに対して，持続時間記録法は行動を続けている時間（たとえば，着席している時間）を測定するのである。

○持続時間記録法を用いた研究

　西尾（1987）の研究では，特別支援学校の朝（40分間），昼（10分間），帰りの指導場面（30分間）において，指導対象となる行動を対象に持続時間記録法を用いた観察を実施し，言行一致訓練の効果を検討している。言行一致訓練は，言語行動と非言語行動の一致を確立するための手続きである。ここでは，特別支援学校に所属する知的障害のある児童3名を対象に観察を実施した。3

名の児童は，身振り言語を主たるコミュニケーションとしていたため，身振り言語を対象とした言行一致訓練を行なった。観察の対象となった行動は，「先生が話している間，手をひざに置いて座る」であり，特別支援学校の指導場面をビデオで撮影した映像をもとに持続時間を測定した。持続時間の測定では，先生の話（児童が手をひざに置くべき時間）の開始時刻および終了時刻と，先生が話している間の児童の手をひざに置いて座る行動の開始時刻および終了時刻のそれぞれを記録した。開始時刻と終了時刻から各行動の持続時間を導き出し，そこからセッションごとの先生の話の合計持続時間と児童の手をひざに置いて座る行動の合計持続時間を算出した。1名の児童については，手をひざに置いて座る行動以外にも，着替え行動と自分の仕事を済まさないうちに他児の世話をやく行動についても，同様の方法で観察を行なった。手をひざに置いて座る行動は，先生の話の持続時間（手をひざに置くべき時間）に対する手をひざに置いて座る行動の持続時間（実際に手をひざに置いていた時間）を百分率で示した。残りの2つの行動については，行動ごとに介入期前のベースライン期の持続時間の平均を求め，これに対する行動の持続時間を百分率で示した。介入では，標的行動に関する身振り言語の表出と表出した身振り言語に対応する行動の生起（言語行動と非言語行動の一致）を強化する一致訓練期に続いて，身振り言語の表出のみを強化する言語期を実施した。その結果，一致訓練期で3名の児童の行動が改善し，言語期でも行動の改善が維持された。

　持続時間記録法は，適切な座り方の他にも，かかわり行動（奥田・井上，1999）等の測定にも用いられている。また，潜時記録法は，清掃行動（遠藤ら，2008），漢字の読み（長谷川，1990）等の測定に用いられている。本書の第3部でも，潜時記録法を使用した研究が紹介されており，その中で小学校の授業開始時間（第10章）の測定が行なわれている。

3 節　連続記録法の実施方法

1　観察対象と観察方法の決定

　観察の対象となる行動と対象者を決定する。行動は各自の研究のテーマに合

わせて，適切なものを決定する。また，観察の対象となる行動に合わせて，観察する行動の次元を決め，記録方法を決定する。記録方法には，行動の頻度の次元を記録する事象記録法と，時間の次元を記録する持続時間記録法および潜時記録法がある。観察を実施する時間帯および場所を決定する。観察対象となる行動が生起しやすい時間帯や場所は，事前の観察や聞き取り等によって把握しておく。

2　行動の定義の作成

行動の開始と終了を明確に定義しておく。定義は，複数の観察者が，同じ行動に対して，同一の記録を行なうことができるように具体的に記述する必要がある。複数の行動を同時に観察する場合には，各行動の正確な定義を行なう必要がある。各行動が相互に区別可能な独立したものとなるように定義を作成する。

3　記録用紙の設計

事象記録法，持続時間記録法，潜時記録法のそれぞれに適した記録用紙を用いる。また，記録用紙は，カウンター，ストップウォッチ等の器具を使用するか否かでも異なるため，記録方法も具体的に決めておく。複数の行動を記録する場合には，行動ごとに記録を記入する欄を設ける（図4-1）。行動を記録する欄に加えて，観察実施日，記録の開始時刻および終了時刻，観察者名，対象者名，観察場所等を記入する欄も作成する。

4　予備観察の実施

予備観察を実施し，(2)～(3)についての修正を行なう。予備観察では，主として観察を行なう第一観察者だけでなく，信頼性を算出するために観察を実施する第二観察者も観察を実施する。観察者間で記録が一致しない場合は，行動の定義を見直す等の修正を行なう。予備観察で問題がなければ，いよいよ観察の実施である。

観察の際に，ビデオカメラ等の機器を使用する場合，事象見本法の場合は行動・事象のみを記録するが，連続記録法の場合は観察時間全体を記録する。

4節　事象見本法

　事象見本法（event sampling）と時間見本法（time sampling）は，行動データを抽出（sampling）する際の観察単位が異なる。時間見本法が時間という観察単位で現象を切り取るのに対して，事象見本法は特定の事象（出来事，エピソード，行動等）という単位で現象を切り取る（南風原・市川・下山，2001）。この他にも，場面という単位で現象を切り取る場面見本法がある。

　事象見本法は，ある特定の行動や事象がどのように始まり，どのような経過をたどり，どのように終結するのかをその時の状況等と合わせて観察，記録する方法である。対象とする行動に加えて，状況等の行動の文脈に関するデータを収集することで，対象となる行動や事象の特性を分析する。事象見本法は，行動を文脈の中でとらえる方法であり，量的なデータの収集だけでなく，質的なデータの収集にも用いられる。

○事象見本法を用いた研究

　倉持（1992）の研究では，幼稚園の自由遊び場面において，子ども同士のいざこざを対象に事象見本法を用いた観察を実施し，ものをめぐるいざこざの中で使用される方略と子ども同士の関係（遊び集団内または集団外）との関連について検討している。ここでは，幼稚園の自由遊びの場面（9～11時）で，年長2クラス42名の園児を対象に観察を行なった。観察の対象となった事象（行動）は，子ども同士のいざこざであった。事象の開始は，ある子どもが他の子どもに対して不満・拒絶・否定などを示す行動を発話や動作・表情で行なった場合であった。終了は，当事者の一方が立ち去った場合，教師によって解決された場合，当事者のどちらかが謝った場合，その他解決したと見なされるサインが出された場合のいずれかであった。観察は，1名の観察者が行なった。観察者は，いざこざの開始まで特定の遊び集団の側で待機し，いざこざが生じると録音機を使って子どもたちの会話を記録した。これとあわせて，子どもの名前や遊びの内容等の周囲の文脈を観察者がフィールドノートに記録した。いざこざ終了後は，別の遊び集団の側に移動し，観察を続けた。4月から11月（夏

休みを除く）まで，週に平均2回の観察を実施し，132事象のいざこざを収集した。収集した事象のうち37事象がものをめぐるいざこざであった。結果では，事象を単位として，いざこざの中で使用された方略の頻度が示された。事象を単位とするため，1つの事象の中で数回同じ方略が使用された場合も頻度は1であった。遊び集団内（20事象）と遊び集団外（17事象）のそれぞれにおける各方略の割合（たとえば，遊び集団内の先取り方略は20事象のうち11事象で55％）を比較した結果，集団内と集団外で使用される方略に違いがあることが明らかになった。これに加えて，拒否児（いざこざの開始児）と被拒否児の方略の違いや，方略の有効性についても検討している。

　畠山・山崎（2002）の研究では，幼稚園の自由遊び場面において，子どもの攻撃行動を対象に事象記録法を用いた観察を実施し，攻撃行動のタイプと性別および仲間グループ内での地位との関連を検討している。ここでは，登園時から約2時間，年長1クラス34名の園児を対象に観察を行なった。観察の対象となった事象は，子どもの攻撃行動であった。事象の開始は，意図的に叩く，つく，無視する，嫌がらせをする，悪口を言う，からかう，ののしる等の行為が見られた場合であった。終了は，当事者である子どもの一方がその場を離れた場合，教師の介入により解決された場合，和解したと見なされる信号が出された場合のいずれかであった。観察は，1名の観察者が行なった。観察者は，攻撃行動の開始まで対象児1名の観察を行ない，攻撃行動が生じると攻撃行動の前後の文脈，具体的な攻撃方法，加害者および被害者の名前等をフィールドノートに記録した。4月から翌年の3月まで，週3回から4回の観察を実施し，160事象の攻撃行動を収集した。観察時間は対象児1人あたり平均15.2時間（範囲：13.2〜17.1時間）であった。結果では，攻撃行動を攻撃方法と文脈の組み合わせによって3タイプに分類した。分類のタイプは，道具的攻撃（直接的攻撃），脅し攻撃（直接的攻撃），関係性攻撃の3タイプであった。対象児ごとに各タイプの1時間あたりの攻撃数を算出し，タイプごとに性別と仲間グループ内での地位との関連を検討した。その結果，攻撃タイプごとの性別やグループ内での地位による違い（直接的攻撃は男児が，関係性攻撃は女児がより多いなど）が明らかになった。これに加えて，攻撃タイプごとの加害者と被害者の組み合わせの特徴（直接的攻撃は男児から男児に対して行なわれる割合が高いな

ど）や加害者の人数の特徴についても分析を行なっている。

　倉持（1992）や畠山・山崎（2002）の研究では，事象見本法によって収集した行動の文脈に関する情報を活用し，多様な分析を行なっている。倉持（1992）では，いざこざの中で使用された方略の頻度について，文脈の情報をもとに遊び集団内と遊び集団外の違いや，拒否児と被拒否児の違いなどを検討している。畠山・山崎（2002）では，文脈の情報をもとに攻撃行動を3タイプに分類し，タイプごとの性別や仲間グループ内での地位などの特徴について明らかにしている。

　事象見本法は，行動が生起していない間の負担が少ないため，時間見本法や連続記録法では扱いにくい低頻度の行動に対しても適用することができる。行動が生起していない間，観察者は，観察対象の側で待機し，行動が生起してから観察を開始する。行動が生じるまでは待機となるため，生起したかどうかが判断しやすい低頻度の行動であれば，長時間の観察を実施する際の負担も比較的少ないものとなる。倉持（1992）は，週4時間の観察を4月から11月（夏休みを除く）まで実施しているが，その中で生起した対象となる行動の頻度は37であった。畠山・山崎（2002）の観察では，1時間あたりの攻撃数の平均は0.3（論文に記載されている男児と女児の平均値をもとに算出）であり，3時間から3時間半に1回という頻度であった。

　事象見本法は，時間見本法や連続記録法と組み合わせて使用することもできる。時間見本法等によって，セッションごとの量的なデータを測定しながら，文脈に関する情報も収集するのである。文脈に関する情報を収集することで，行動に関するより詳細な検討が可能となる。

5節　事象見本法の実施方法

1　観察対象と観察方法の決定

　観察の対象となる行動・事象と対象者を決定する。観察対象の行動・事象や，観察の対象者は各自の研究のテーマに合わせて，適切なものを決定する。観察を実施する時間帯および場所を決定する。観察対象となる行動・事象が生起しやすい時間帯や場所は，事前の観察や聞き取り等によって把握しておく。

2　行動の定義の作成

　行動・事象の開始と終了を定義しておく。開始の定義に基づいて観察および記録を始め，終了として定義された状態まで細心の注意を向けて観察および記録を行なう。また，行動・事象とその文脈に関してどのような情報を収集するのかを研究の目的に基づいて決定する。

3　記録用紙の設計

　記録方法は，記述による場合や事前に決めたカテゴリーを用いる場合，それらを組み合わせる場合があり，それぞれに対応した記録用紙を作成する。カテゴリーを用いた記録は観察後そのまま分析の対象となるが，記述式の記録は観察後に分類を行ない，その結果をもとに分析を行なう。記録用紙には，観察実施日，記録の開始時刻および終了時刻，観察者名，対象者名，観察場所等を記入する欄も作成する。

4　予備観察の実施

　予備観察を実施し，(2)～(3)についての修正を行なう。予備観察では，主として観察を行なう第一観察者だけでなく，信頼性を算出するために観察を実施する第二観察者も観察を実施する。観察者間で記録が一致しない場合は，行動の定義を見直す等の修正を行なう。また，予備観察の期間で，対象者とのラポールを形成し，行動が生起しやすい時間や場所についても把握しておく。予備観察で問題がなければ，いよいよ観察の実施である。

　観察の際に，ビデオカメラ等の機器を使用する場合，連続記録法の場合は観察時間全体を記録するが，事象見本法の場合は行動・事象の開始から終了までを記録する。

アクションリサーチ: 社会構成主義からのアプローチ

　本章では,アクションリサーチについて解説する。アクションリサーチとは,外部から現場のようすを観察するだけでなく,研究者が現場の人々と共同で,現場のよりよい変化を生み出そうと試みる実践的な研究である。アクションリサーチの理論背景から研究の進め方まで解説していく。

1節　アクションリサーチとは

　アクションリサーチ（action research：AR）とは,研究者が,特定の集団・組織・コミュニティ（総称して現場）に参画・介入し,人々と共同で,現場のよりよい未来を築いていく実践(アクション)を試み,その過程を調査(リサーチ)する研究活動を指す。このとき研究者は,学校や企業等,既存の現場の変化にかかわることもあれば,実践者とともにこれまでにない新しいコミュニティや活動の開発を試みる場合もある。研究者は,自らの変化（言語行為,感情,アイデンティティ,意味づけ,ポジション等）を含め,共同前,共同中,共同後の実践過程や現場の

ようすについてデータ収集し，分析し，理論的に検討し，最終的に論文等にて研究としてのストーリーを構成する。**矢守**（2010）は，ARを「望ましいと考える社会的状態の実現を目指して研究者と研究対象者とが展開する共同的な社会的実践」（p.11）といい，**テイラー**（Taylor, 1994）は，「変化を起こしてみて，何が起こるかを確認する方法」（p.141）と述べる。ARは，古くは**レヴィン**（Lewin, 1948）が提唱したものとして知られているが，主に80年代後半以降に，**社会構成主義**という思想が台頭していく中で，心理学研究のそれまでの常識や前提を問い直す動きが活発化し，それに並行して，再び新しいかたちでスポットライトが当たるようになった方法論である。

なお，ARとは，「ある一つの理論的立場や伝統によって発展してきたものというよりもむしろ，参加的で，経験や実践現場にもとづき，そこに何らかの働きかけを行う研究アプローチの総称」（保坂，2004, p.175）とも指摘されている。本章では，主に社会構成主義に基づくARについて解説するが，同じARと名乗る研究の中にも，下記で述べる，従来の客観主義的発想をベースにしたものもある。いずれにせよ，調査方法というと，どうしてもデータ収集や分析に関する具体的な手続きやテクニック面に目が行きがちだが，それだけではなく，自身がどういった理論的立場や思想的前提によって立って研究を進めるのかについても検討しておくことが，ARに限らず重要である。以下でも触れるが，特定の思想や価値観のない研究は存在しないからである。

2節　アクションリサーチ発展の背景

少し難しい話になるかもしれないが，大事なことなので「主に80年代後半以降に行なわれた，従来の心理学研究の常識や前提を問い直す動き」について触れておこう。問い直しとは大きくまとめると次の3点である。①一方の個人（個体）の内側（頭の中）に心があるとし，他方にそれと独立した外的環境や社会・文化が存在するとして，両者を2つに区分して考える，従来の心理学の考え（二元論的個体主義）への懐疑，②そうして区分した，一方の個人内の心的現象に関する普遍的メカニズムを，客観的な事実（データ）の蓄積や分析をとおして

明らかにすることが自然科学としての心理学の役割だとする考え（客観主義や素朴実在論）への懐疑，③現象を数量化して分析することこそが（客観性を担保した）心理学研究の本流だとする数量化信奉への懐疑があげられる。

　その代わりに，①心を，集団やコミュニティ，あるいは人と人，人とモノとの相互行為や関係性そのものとしてとらえ，②「事実」とは，人間の社会的活動とは別に（それと切り離して）存在する「唯一絶対の真実」ではなく，あくまで，特定の集団やコミュニティの中で行なわれる，言語を介した会話等の社会的な相互行為をとおして，その都度構成され変化していく，相対的で多様なものと見なし，③数量化だけではとらえきれない（表現・可視化できない）ものの存在を積極的に認め，現象の具体的な質そのものを重視し，数的表象以外の言語や図表をとおして解釈・表現しながら分析していく定性的（質的）研究の価値も新たに訴えていく動きが起こった。

　このように，客観主義的で個体主義的な心理学の考えを懐疑し，新しい方向性を示した人たちの考えを――人と人（あるいはモノ）との関係性や集団での相互行為，つまり「社会」と，それをとおして事実がつくられ変化していくものだという「構成」から――「社会構成主義」（Gergen, 1999）という。一方で社会が制約となり，構成される事実の種類を方向づけたり幅を狭めたりしつつ，他方で，社会的制約に抵抗したりそこから外れたりすることで別の事実が構成されるのである。なお，社会構成主義からすれば，数量化研究により明らかにされたものもまた，あくまで，数式や統計という，人間が社会的，歴史的に創造してきた言語を介して可視化・構成した，（他もありうるうちの）「一つの社会的現実」であり，「唯一絶対の真実」ではない。よって裏を返せば，社会構成主義でも，（限界を訴えるためにしばしば批判するし，研究者の考えにもよるが）基本的には，数量化自体をまったく排除するわけではない。数も統計も人間が社会的に生み出した言語的実践の一種だからである。数量化への偏重を崩し，研究の前提やものの見方や考え方の変化をもたらした点が少なくとも重要である。

　さて，従来の客観・個体主義的研究では，単純化していえば，特定の場のローカルな特徴に影響されない，心的現象に関する一般的，普遍的な説明モデルや法則性を発見することに力点が置かれるがゆえに，できるかぎりサンプル数

を多くとって分析することが好まれる傾向にあった。ゆえに，A学校のみのデータよりも，複数の学校での調査のほうが好まれるし，実際，社会構成主義やフィールド研究の認知度がまだ低かった時代では，一つの現場や事例のみを分析した研究に対して，たとえば「それでは一般性に乏しくサンプルに偏りがあるため，他の現場や対象者についてもデータをより集めて分析せよ」といった指摘や評価が行なわれることもあった。また，従来の研究では，研究者はできるかぎり対象者や場に影響を与えてはいけない存在であり（研究者の影響があっては，特殊な条件や恣意的環境をつくってしまうから），それらからできるだけ距離をおくこと，つまり研究者は空気のような存在になることが好まれてきた。

　これに対し，社会構成主義では，たった一つの集団の調査あるいは事例であろうが，むしろ特定のフィールドに研究者ができるだけ深く参与し，その具体的な特徴や変化のようすを分析していくことに価値を見いだす。これには，仮説をより丁寧に現実社会に根づいてボトムアップで構築していこうという動きや，一般化，数量化への偏重によりこぼれ落ちてしまった，各現場特有のローカリティや現象の複雑さ，あるいはその都度発生する具体的でミクロな相互行為の動きの特徴を明らかにしようという新しい関心の芽生えが背景にある（やまだ，2004）。また，たとえば，一般性をうたった実験研究の結果が，実際には実社会の具体的な現象と乖離しており，実は実験環境自体が一つの特殊な社会的環境であることが指摘されたり，そもそも実験に限らず，場によって大きく人間の活動の質が変化することがわかったりもした（たとえば，Lave, 1988）。さらに，従来の研究が，研究のための研究となってしまい（研究者業界の仲間内の議論に閉じて蛸壺化しまっており），現場や社会にとって意味のある開かれた知見や変化をもたらしていないのではないかという批判や反省も背景にある。

　そうして，フィールドワークやエスノグラフィと呼ばれる，特定の現場の人々の社会文化的活動について観察を主軸とした手法をとおして明らかにする方法が心理学でも活発に採用されるようになった。

　同時に，これまで以上に現場に研究者が身を置くようになる中で，いくら現場に影響を与えず外から観察する立場に徹しようとしていても，たとえばビデ

オカメラで現場を観察しデータ収集している最中に，現場の人々に声をかけられたり，助言等を求められたりすることが自然に起こった。つまり，研究者たちは，どんなに現場で空気のような存在になろうとしていても，否応なく現場の変化にかかわらざるをえないという（ある意味であたりまえのこと）を実感していった。重要なのは，そうした現象を，研究にとってイレギュラーな事態や不都合な真実と見なして除外することなく，むしろ焦点化すべき研究対象として検討し直したことである。現場で観察を行なう研究者の立ち位置の変化や揺らぎについては，松嶋（2005）の第5章等を参照してほしい。また，単に研究者側の都合や関心で調査するだけではなく，フィールド調査の結果を現場に還元して現場の理解や改善に役立ててもらったり，現場の人たちと問題や関心を共有するようになっていく中で，自らも現場の改善やデザインによりコミットしたいという思いをもつようになっていった。

そうして，研究者が現場と距離をとるだけでなく，研究者もまた，現場の人と同様，現場の社会的現実を（再）構成していく一員として，しかし研究者ならではの独自な役割や関与の仕方を探りつつ現場にかかわっていく，ARへの関心や重要性が増していった。

なお，冒頭にて，ARは，「よりよい未来を築いていく研究活動」だと述べた。であれば，何がよりよい状態なのかの「価値づけ」の問題が切り離せないことになる。しかし，研究者が特定の価値観を積極的に持ち込むということは，科学的な中立性という点では好まれない。ここで重要なのは，そもそもあらゆる研究には，なんらかの価値づけが常に伴うということである。たとえば，「あるがままの対象を客観的に分析しなければいけない」「中立的であるべし」という客観・個体主義的な心理学の考えは，それ自体がまさに価値づけであり，既存の権力を再生産しようとする社会活動の一種である（Parker, 2004）。すなわち，社会構成主義的なARでは，客観・個体主義の考えも一つの（社会的に構成された）価値観として包摂するのであり，相対化したうえで，客観主義的な手法を積極的に用いることさえある（たとえば，杉万，2013）。しかし，相対化を経由するわけだから，同時に各々の限界や制約，異なる価値観や思想に基づく方法を併用する場合の映し出す（構成される）世界観の違いやそれゆえの相補性，逆に混合させる際の問題点についてもその都度考えていく必要がある。

3節　アクションリサーチの実施方法

　では，ARではどのような手続きをとるのだろうか。しばしば説明されるARのプロセスとしては，「アクション（計画）の決定→アクションの実施→その過程と結果の検討と評価→アクションの再計画→アクションの実施……」といった流れがあげられる（たとえば，Tayler, 1994）。

　ただし，厳密にいえば，ARに，いわゆる「決まった手順（レシピ）や台本（スクリプト）」はない。唯一無二の研究者が唯一無二の現場の人々とかかわりながら，文献研究を進め，用いる方法をその都度考えデータ収集し分析し，内省し，文章化し，また現場の人々とかかわっていく中で，しだいに一つの研究（物語）として仕上げていく。分析の際，面接法や，観察法の一種であるエスノグラフィ，フィールドワーク，あるいはミクロな発話データを分析していく会話分析，談話分析といった，ローカリティを重視する質的研究法（Banister, Burman, Parker, Taylor, & Tindall, 1994; Parker, 2004）が軸になる場合が多いが，俯瞰的な視点からも現場を把握するのに，量的な質問紙調査や質的な自由記述式のアンケートを併用して行なう場合もある（質的研究法については本章の引用文献や，その他にも多くの書籍や論文が出ているので参照のこと。また，質問紙法については本シリーズ第3巻「心理学調査法」を参照すること）。逆に，当初はARを企図しておらず，上記の分析方法を用いた現場の調査から開始し，のちにARに移行するというケースもある。ARは，変化する研究関心や現場との関係性に基づき，その都度，さまざまな手法を検討し駆使していく「手探りの方法論」なのである。唯一の正解ややり方はない。データのまとめ方もテンプレートやフォーマットがあるわけではないので，その都度，文章，カテゴリー，図表，数量等，何を用いてどうやればリサーチ・クエスチョンに対する最適な回答を示せるか，「創造的に」研究者と現場の共同過程の表現方法を考え出す必要がある。省察と創造性が要求されるのである。これらがARの難しさであり，同時に面白さ，奥深さである。

　以上を前提としたうえで，あくまで目安にはなるが，ARのもう少し詳しいプロセスを下記に述べる。本書第19章に具体的な研究例を掲載しているので，

そちらと合わせてお読みいただければよりイメージしやすいだろう。

なお以下は，大筋の流れであり，実際はまったくこれと同じ順序で進むとは限らない。各要素が同時に起こったり，混ざり合ったり，前後したりもする。そのような前提で読んでほしい。

1　現場への参入：どの現場に，どういったかたちで入るのか。現場と研究者との関係性はそこからどのように変化していくのか。
2　現場と研究者との共同：どういった立場で，どういった現場の人々とどのように共同していくのか。その過程はどのように変化していくのか。
3　研究計画とリサーチ・クエスチョンの設定：何をどう明らかにしたいのか。それらはどのように変化してくのか。
4　分析方法の決定：どういったデータを収集し，どのような方法で分析するのか。
5　論文執筆：AR をとおして，何がどうわかり，見いだされたその知見は，どのような研究領域において，どういった価値をもつのか。

1　現場への参入

まず，どの現場に参加するのかを決める必要がある。このとき，当初からかなり明確な研究上の問題意識や関心をもって，詳細な計画を立てたうえで現場を選定することもあれば，それらがまだ漠然とした段階だが，まずは現場に入って探索的に考えていく場合もある。あるいは，最初から現場に積極的にコミットし変化を引き起こそうとかかわることもあれば，当初は調査研究を企図して距離を置いていたが，しだいに現場の変化に深くかかわるようになっていく場合もある。さらには，特に研究のためというわけではなく，当初はバイト先や自分の職場，あるいはボランティアとして地域にかかわっていたが，そこで実践者として生じた素朴な疑問や問題意識から，研究者として調査する動機が生まれ，AR に発展していく場合もあろう。

現場と研究者との関係は多種多様であり，そうした当初の関係性や現場への入り方，そして，そこからの研究者の想定・考えや現場との関係性の変化の過程自体が，実は AR において重要なデータや資料となりうることを知っておこ

う。たとえば，ある現場では研究者の受け入れを嫌がる場合，その現場は研究者のみならず部外者の受け入れ自体に拒否的で，良くも悪くも閉鎖的な組織文化である可能性があるし，そこから徐々に受け入れられていった場合，そのことだけでも現場にとって大きな変化であろう。逆に，はなから受け入れがよい場合，多様な外部者とのネットワーキングにより，自分たちの活動をより拡げていこうというその現場の価値観が反映されているかもしれない。

またたとえば，同じ学校現場であっても，卒業した母校であり教員たちと顔見知りのケースと，研究者として初めてかかわる学校とでは，まったく現場との関係性は異なるだろう。前者では，たといかに研究者のつもりで参入しようとしても，「元生徒と先生」を前提としたやりとりから離れられないかもしれない。前者と後者では，おのずと見える世界やアクションやリアクションの質が異なってくるだろうし，活用可能なリソースの質も異なるはずである。どれが良い悪いということではない。それらが，AR に不可避な生々しさ(アクチュアリティ)であり，まさに AR として向き合い検討すべき事項の中の一つである。

AR は，対象や現場と研究者との関係を切り離さず分析する方法であるから，少なくとも両者のやりとりが発生する場面は，可能性としては，何でもデータや分析対象に発展しうる。したがって，それらも基本的にはできるだけ，ビデオカメラやメモ等，なんらかのかたちで記録しておくとよい。しかし他方で，やみくもにデータをとっても，量だけが増えて結局何も有効な分析ができないというケースも少なくない。したがって，後述するリサーチ・クエスチョンや分析方法の設定が，収集するデータの種類や分析の方向性や研究の焦点を絞り，最終的な分析対象として含めるか否かを判断するのに重要となる。

なお，記録する際は，研究倫理上，相手側の承諾や同意をとる。最近では，各研究機関や組織に研究倫理委員会が設けられるようになってきているから，それらの規則に則り，書面での同意を事前にとっておきたい。指導教員や責任者にたずねておくとよいだろう（本シリーズ第 1 巻「心理学研究法」を参照）。

2　現場と研究者との共同

AR とは，現場と研究者との共同であるがゆえに，その過程のデータを収集することが最も重要である。実際にはケースバイケースではあるが，目安を述

べてみよう。まず予備（事前）調査として，質問紙調査や面接や観察などを行ない，現場の現状や現在にいたる歴史的な過程について情報収集してみよう。たとえば，現場にどのような問題が起きているのか，それに対し違う立場の人がどのように感じているのかを収集し，整理しておこう。この時，ある人は問題だと感じ，別の人はそうではないと思っているかもしれないし，そもそも問題かどうかすら気づいていないかもしれない。あるいは，必ずしも現場の「問題」に係る必要はなく，現場の人が良いと思っているそのコミュニティの文化や，現場の人があまり気づいていないが価値をもちうる独自の文化的資源を発見する場合もありうる。

　それをもとに，現場とどういった共同をしていくか，アクションプランを立てよう。どういう変化を起こしていきたいか，活動やプロジェクトのコンセプトは何か，どういったことを行なっていくのかのおおよそのスケッチである。このプランも現場の人たちと当初から一緒に考える場合もあれば，最初は研究者が提案してその後話し合って具体化してく場合もあろう。予備調査は研究者が独立して行ない，整理した結果を現場の人とシェアして今後の現場のあり方について話し合いながら，今後のアクションを決めていく方法もあれば，調査中に意図せず何か変化を及ぼすケース，そして，相手側からなんらかの協力要請や提案が示される場合もあるかもしれない。あるいは，最初から調査めいたことはせずにかかわる選択肢もありえる。

　プランを立てた場合それを実行していく。プランは実行中，たいていそのとおりには進まないものだから，これに固執しすぎる必要はない。現場とのインタラクションの過程を省察し必要に応じて実践の仕方を変える場合もあれば，意図せず変えざるをえなかった場合も出てくるだろう。その過程もまたデータとして記録に残す。そうして，どのように現場と自分とが，あるいは互いの関係が変わっていったのか，どこで現場の人々の間，あるいは現場と研究者との間でコンフリクトや離齬が生じ，それはどのようなもので，どう乗り越えられたり乗り越えられなかったりしていったのか，どのような新たな現場の姿が現われたり現われなかったりしたのかを分析していく。なお，コンフリクトと述べたが，現場との共同とは，むろん現場と研究者との信頼関係やギブ＆テイクの関係づくりである一方で，互いの（もちろん現場の人たち同士でも）コンフ

リクトや齟齬の発生もまた，ARにとって検討すべき重要な意味をもつ。

こうして，現場の「過去（それまで）」をふまえながら，「現在（いま）」にかかわり，「未来（これから）」を共同でつくっていく。

以上のように，どの段階でどのように現場の人と共同していくのか考え続ける必要があるし，思いがけず偶発的になんらかの重要な活動が発生する場合もある。意図的にこちらから変化を引き起こすことを試み，時に現場の常識や慣習に抗っていくような「積極的アクション」と，意図的，無意図的に，現場の動きに身を任せたり巻き込まれたりする「協調的アクション」との，濃淡ある両側面の運動をとおして，現場との共同が進行する。

3　研究計画とリサーチ・クエスチョンの設定

前項で述べたように，どの現場に，どういった立場で，どのようにかかわっていくのかをふまえつつ，リサーチとしての部分もあわせて考える。つまり，その現場で，どういった視点や関心から，どういったデータを収集し，どのような方法を用いて分析を進めていくのかを検討していく。調査の方針や計画についても，定期的に記録したりまとめておくとよい。特に研究にも現場にも慣れないうちは，現場の視点に巻き込まれすぎたり（必ずしも悪いわけではないが，研究としては後でそれを振り返り分析的に検討するとよい），研究目的や関心が曖昧になったり焦点がぼやけて，研究としていったい何をやりたいのかが不明確になりがちなので，少なくとも**リサーチ・クエスチョン**（研究上明らかにしたい「問い」）は，その都度できるだけ明確化して自覚しておこう。さまざまな角度から分析可能で，さまざまなことが起こるARにおいては，的を絞るのにリサーチ・クエスチョンは最も重要である。家でいえば，大黒柱といってよい。たとえば，本書第19章のアクションリサーチの事例では，「A病院の異部署の看護師と研究者とが共同で，新しい新人看護師研修をデザインしていく過程において，そのミクロな相互行為にどのような変化が見られるか」といったリサーチ・クエスチョンを設定することで，看護師らと研究者との対話過程を録画し，その音声データを文字化して会話分析を進めた。

ARに限らず，研究がうまくまとまらない場合は，リサーチ・クエスチョンが曖昧なケースが多い。収集するデータの種類や方法を方向づけ，膨大なデー

タのうち何をピックアップして何を背景におくのか判断し，さらに論文として一本筋の通ったものとしてまとめていくうえでの柱だから，特に自覚的に設定し発展させていこう。現場で生じた素朴な疑問から出発してもよいが，他方で，学術的に意味ある発見，興味深い発見につながりそうな問いか考えることも大事である。「研究上の新しい発見につながりそう！」「面白い！」と思えるリサーチ・クエスチョンをしっかり立てられるかがポイントになる。だから，「現場での活動」だけでなく「書斎での活動」，つまり，関連する文献の研究や自分の研究でキーとなる理論や概念の研究も必須なのである。

設問は，複数立てておいてしだいに絞っていってもよいし，最初に大まかなものを立てて現場への参入過程や分析時に変化発展させていってもよい。ただし，あまりあれこれ立てすぎて焦点が散漫になったり，芯がなくコロコロ変えすぎてもうまくいかない。また，最初に立てた設問を変えてはいけないルールはなく，むしろ研究全体をとおして進化させ続けることが重要である。論文を書く段階で，ようやく最終的な設問の文言が決まることも意外にある。こだわることと，柔軟に対応することの両側面が必要である。

研究計画やリサーチ・クエスチョンの変化過程自体も，やはりARとしてのデータになりえるので，最終的に分析対象に入れるかどうかは別として，できるかぎりは記録しておきたい。一方で，フィールド研究における，研究者と現場との関係に関する議論が，研究者業界の関心に閉じて蛸壺化してしまったと

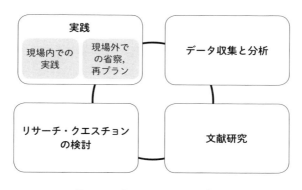

図5-1　アクションリサーチのポイント

いう意見もある (Lave, 2011)。

①実践，②データ収集と分析（方法論の選定や学習を含めて），③リサーチ・クエスチョンの検討，④文献研究とが，同時並行ないし複雑に行き来し重なりながら進むのが AR といえよう（図 5-1）。

4　分析方法の決定

　調査と実践とが同時進行する AR では，データ収集とともに分析方法の選定の機会もまた，事前・事中・事後，いつでも発生しうる。

　たとえば，事前にとある古い商店街で面接法を実施し，店主たちの商店街への思いを調査した場合，KJ 法（川喜多，1967）やグラウンデッドセオリー（木下，2003）を用いてそれらを分類したり概念図で表現したりしていくのか，ナラティブや言説分析（Parker, 2004）を用いてそれらの語りの特徴を分析していくのか，データ収集前や後に決定する必要がある。当然，アンケートを実施する際も因子分析など，方法を決める必要がある。リサーチ・クエスチョンを意識しながら，可能かつベターな方法を選ぶ必要がある。こうした事前調査だけで独立した論文になる場合もあるし，研究1：予備調査，研究2：実践研究，といったかたちで研究を複数のステップに分けて一つの論文にまとめる場合もある。ただし，あまり事前の調査と分析に時間をかけすぎていると，その間に現場自体が変貌し，事前調査段階とのズレが大きくなる場合もある。現場は変化し続ける生き物であることを知っておこう。研究者が統制可能な実験と違って，自律して動いている現場は，研究者の都合など待ってはくれない。正解がないのが AR なので難しい点だが，状況に応じた判断が必要になる。

　AR の事中では，多くの場合，現場でのやりとりや出来事が分析の対象になるだろうから，その過程をビデオカメラや IC レコーダで録画録音したり，フィールドノーツ（佐藤，2002）に記録する。現場でのミクロな会話の過程や相互行為の変化の過程を分析したい場合には，会話分析や談話分析（鈴木，2007）を選んでビデオデータや音声データを文字化して分析し，もう少し長期の実践の変化を表現したい場合にはフィールド研究の手法を用いて概略的な記述（たとえば，田垣，2007）を行なっていく。研究者自身の変化も含めた過程を分析する際には，オート（自己）エスノグラフィ（Ellis & Bochner, 2000）

という手法もある。これらに限らず，さまざまな方法の利用可能性があるので，それぞれの特徴（何が可視化／不可視化されるのか）をふまえつつ，そのときのリサーチ・クエスチョンや研究の位置づけに応じた方法を選択し学習していこう。方法についての解説を読むだけでなく，「質的心理学研究」や「実験社会心理学研究」等の学術雑誌に，アクションリサーチを実際に用いた，日本語で読める論文も刊行され蓄積されてきているので，文献調査し読んでみよう。具体的な成果や書き方や進め方を知るのに大いに役に立つだろう。

　ARの事後として，一通りの研究プロジェクトが終了し，研究者が現場から離れた後の現場のようすに焦点を当てて調査する場合をあげてみよう。ARをとおしてせっかく起きかけていた「よりよい変化」が，研究者が離れた後は以前のように戻ってしまうような場合もあるし，振り返ってみるとそのプロジェクト当時のことについて，そのときは語れなかったものが語れるようになるというケースもあろう。そうしたことも，面接や質問紙や観察をとおしてデータ収集し，分析の対象になりうる。再びここで，どういった手法を用いるか，考え選択していく必要がある。

5　論文執筆

　最終決定したリサーチ・クエスチョンを軸に，論文を執筆する。リサーチ・クエスチョンにいたる背景や，学術理論的，社会的な意義や新規性が可視化できるよう問題や目的を記載し，実際にとった方法を述べ，結果や考察を述べる（結果と考察は「結果および考察」とまとめてもよい）。特に結果をまとめる際，気をつけたいのは，単なる事実（事例）・データの羅列や素朴な説明にならないようにすることである。コツとしては，その事例から何がわかるのか，どういった価値ある面白い知見が見いだせたのか，既存の理論概念や先行研究を援用したり比較したりしながら，リサーチ・クエスチョンの答えに該当する内容を論じてみよう。複数の事例を示しながら結果や考察を述べる場合，事例の羅列にならないよう，各事例から導き出せるポイントを抽象化しながら考え，それら見いだした諸点が，全体としてはどういう意味の知見になるのか，俯瞰的な目線から記載してみよう。ローカルな視点や当事者の目線に立ち，事例の細部を分析していく「虫の目線（ミクロな目線）」と，俯瞰的に現場や現象の全

体像を眺める「鳥の目線（マクロな目線）」の双方の行き来が重要である。また，何か一つ，（リサーチ・クエスチョンをもとに）全体を貫徹する共通の軸や枠を設けると論旨が明確になる。記録してきた膨大なデータのうち，研究目的や設けた軸をふまえて，何を論文に最終的に記載し何を記載しないか（背景に置くか）その都度判断して取捨選択する。

　そして，結果や考察では，現場への実践的意義や課題・限界，分析から得られた知見の学術的な意義や新規性を記して，それらの価値を可視化しよう。このとき，具体的なデータをもとに，抽象化した理論的考察も展開していくことで，現象の解釈を深めたり，他の現象にも通じうる知見を見いだしたり，理論的な貢献も行なったりすることができる。2節で，フィールド研究は具体性を分析すると述べたが，それは抽象的な言語を用いてはいけない，ということではない。扱う現象やデータはきわめて具体的なのだが，考察を深めようとすればおのずと抽象的かつ複雑な言語にならざるをえない。哲学がよい例である。実際，優れたフィールド研究のほとんどが，理論に対する深い理解やそれを用いた解釈に裏打ちされているのである。

　なお，ARに関する論文やレポートは，問題，目的，方法，結果，考察という一般的なフォーマットにこだわらずに，読者がより研究プロセスを理解しやすいような表現方法を模索することもある。また，ARは長期にわたるケースが少なくなく，データも膨大になる傾向がある。いたずらに論文を分割すべきではないが，一本にまとめることが難しいケースもあるし，むしろ分けたほうがよい場合もある。それぞれの研究上の価値や新規性を位置づけることができるならば，複数に分けて論文を書く選択肢を考えてもよいだろう。

4節　研究者の役割

　ARにおいて，研究者ならではの役割や立場とは何だろうか。これを考えること自体が，ARの研究の一部ではあるが，すでに展開されている議論を紹介しよう。

　たとえば，杉万（2006）は，「研究者が，研究者として，なすべき貢献は，

一にかかって，理論に基づく貢献」（p.42）とする。ここでいう理論の意味は幅広く，大きな理論枠組み（グランドセオリー），その中の個別の諸概念，分析のための方法論も含む。理論的な抽象化やデータ分析やそれらに基づく議論を生業とする研究者がその特徴や強みを生かして，現場に貢献する（ただし，実際には，現場の中にも専門書を読み相当に理論に詳しい人もいるし，調査や分析までこなす現場までもあれば，データや抽象的な用語にまったくなじみのない現場まで濃淡があるから，やはり，その都度，「現場と研究者との交換関係」を模索することが重要である）。たとえば，異なる立場の間で利害関係が発生している現場において，第三者的な立場でかかわれるがゆえに，現場の内部者では収集しづらいデータが収集できる場合があるし（逆もまたしかりだが），現場の事象の言語化（専門的な分析というより，データの簡易的な整理という水準だけでも現場にとって価値を感じてもらえる場合がある）や，理論概念を媒介にした現象の説明や抽象化（ただし，現場に伝わるような工夫も必要）は，研究者ならではの貢献が期待できる。現場の「言説空間を豊か」にする役割を担うのが研究者である（杉万，2013）。

　一方，現場側の人々は何より，ローカルな「実践知」が豊富であり，現場のことを感覚的，経験的によく知っており，関連する人脈も豊富である。しかし，それゆえに現場の人々にとって自明の領域，つまり，「気付かざる前提」（杉万，2006）もある。そもそも気付かざる前提がなければ，日ごろの活動を円滑に進めることは不可能なので，それは必須かつ不可避なのだが，逆に気付かざる前提が新しい現場の姿を築いていく可能性を閉じさせている場合がある。そこで，研究者は，しばしば部外者や素人としてその前提を共有していないがゆえに，現場の「気付かざる前提」の可視化や，その現場の文化的な特徴の自覚化を促したり，慣習的実践とは違う視点や選択肢の可能性に気づかせたりといった，オルタナティブの創造に貢献しうる。

　ここで勘のよい方はお気づきだろう。そう，研究者もまた，「気付かざる前提」を抱えている。たとえば，研究者と現場の人との間で，はなから共有している同じ日本人としての文化的前提もそうだろうし，研究者の業界や集団の慣習もそうである。現場ならではのローカルな用語が研究者にはわからないのと同様，研究者間で通じる専門用語や関心が現場に通じないことは少なくない。研究者

自身も，現場とかかわる中で，その自明性を揺さぶられるのであり，現場と研究者との関係はつまり，「共通した目標や目線の先に向かって共同する」同質化の側面と，違うそれらや文化的背景から「相互に揺さぶられ揺さぶり合いながら共同する」差異化の側面とが絡み合いながら進行する。

5 節　どのような変化を起こすのか

　AR は，現場と共同で現場に変化を起こす方法論だが，その「変化」とは何だろうか。まず，変化の水準には，大きく2種類ある。一つは，それまでの規範や構造の枠内で，現場の活動や環境を修正・改善する「小さな変化」である。もう一つは，既存の規範や構造（前提）そのものに疑問を投げかけ反省し，古い前提を打ち破って質的に新しい枠組みを創造し，根本から変革していく「大きな変化」である（Engeström, 2008）。組織論では，前者をシングルループ学習，後者をダブルループ学習と呼んできた（Argyris & Schön, 1978）。たとえば，高速道路のサービスエリアで，異なる場所に複数設置されたゴミ箱を，自販機の利用者がどれくらい利用し，またどのように不燃物と可燃物とを正しく分けて捨てているかを，研究1で観察調査し，研究2で，それに基づき，成績の悪かったゴミ箱の位置を変更して，「集め捨て率」と「分け捨て率」との改善状況を調査した AR の研究（橋本，1993）は，前者の「小さな変化」を志向した AR といえる。あくまで，既存のゴミ捨てに関するやり方やルールのうえで，ゴミ箱の位置を変えたからである。これに対し，たとえば，それまで教員に任されていた学校の授業において，親や地域の人間，あるいは生徒までも，カリキュラムや授業づくりに参加するとか，教室の壁を取っ払ったり，学級や学年自体をなくしたりした新しい学校をつくるなどといった場合は，後者の「大きな変化」に該当しうる。どちらが優れているということは一概にいえないし，一般的に前者より後者のほうが労力やリスクもある。ただし，第19章で述べるように，それまで現場で小さな変化を繰り返してきたが，それでも似たような問題が繰り返されるような場合は，後者のアプローチを考える余地がある。

6 節　変化を起こす理論枠組み

　最後に，特に「大きな変化（変革）」を起こす理論枠組みを一部紹介しておこう。まず，発達心理学者**ヴィゴツキー（Vygotsky, L.）**の思想を源流とする活動理論をあげよう。活動理論は，社会構成主義の一派と位置づけられるアプローチである。研究者と現場とがともに「変化の担い手」となり，それまでの集団の前提や文化的枠組みを打ち破って新しい集団や組織のあり方を生み出していくこのアプローチの過程は，「拡張的学習」と呼ばれる（Engeström, 2008）。拡張的学習では，現場で繰り返し同じような問題を引き起こしている「諸矛盾」に注目し，それらを可視化・共有すること，そして，対話や協働をとおして，諸矛盾を突破する新しい視点や方法を考え出していく。よってここから，ARを行なう際，どういった矛盾にその集合体の人々はさらされ，あるいは自ら生み出し，どうそれを乗り越えていくかに注目するという視点を得ることができる。本書第19章では，この理論をベースにしたARの事例を紹介している。

　また，ロイス・ホルツマンら，パフォーマンス心理学のグループもまたヴィゴツキーのアイデアをベースに，即興演劇の手法を取り入れたユニークなグループ活動を展開している（Holzman, 2009）。たとえば，ある職場の社員が問題ばかり引き起こし，他の社員と関係が悪くなってしまった。そこで，「モキュメンタリー」と呼ばれるTVドラマの演劇手法を導入することで，「問題」に対する解釈や理解，あるいは社員間の関係が変わった（Salit, 2016）。筆者も，大学のゼミを対象に，パフォーマンス心理学の考えを導入した。それにより，公的な授業ではほとんど活用されることのなかった，学生各自の趣味や特技を創造の資源として生かして，オリジナルのパフォーマンスショーを考案し，それを大学外の子どもたちや地域団体に提供する新しい実践をデザインすることができた。

　以上，2つ紹介したが，社会構成主義の中には，ほかにもオープンダイアローグ（斎藤，2015）や，ナラティブセラピー（野口，2002）など，複数の実践やアプローチが開発されているし，さらに新しい取り組みも開発されていくだろう。これら専門的なアプローチを現場に導入することで，研究者ならではの貢

献が期待できるし，逆に現場の中で発展させていくこともできる。各現場で実践しその過程を具に分析するARの役割は社会的にも学術的にも大きい。無数に存在し変化していく現場と，新しく生まれ進化していく理論やアプローチとの掛け合わせのパターンは，無限といえる。そうした掛け合わせを行なうことは実践的な実験であり，ARをとおしてその過程を分析し世に示していく必要がある。理論や，過去の研究を意識して，現場の展開を予想したり方向づけたりする場合もあれば，想定が裏切られる場合もある。それら全体がARのリアリティであり，面白さであり，冒険といえるだろう。

第 2 部

観察データの解析

　第2部では収集された観察データを整理・分析するための技術について解説する。良質な観察データとはどのようなデータのことを指すのだろうか。膨大なデータをグラフなどにまとめて視覚化するための効果的な方法は何だろうか。得られた観察データから，結局何がわかるのだろうか。さまざまな「問い」から「答え」を導くための技術を，第2部では学んでほしい。第2部を読むことで，観察法を実際に使うための方法を身につけることができる。

観察データの信頼性と妥当性

　心理学における科学的な研究において得られる観察データは，信頼性（reliability），妥当性（validity），正確性（accuracy）が見られるものでなければならない。しかし，観察データの収集は人間の手によって行なわれるものであるため，エラーが生じやすい。コステウィクスら（Kostewicz, King, Datchuk, Brennan, & Casey, 2016）のレビュー論文では，直接観察，行動的産物，ビデオカメラなどを用いた観察，といった3種類のデータ収集は同程度の頻度で用いられていることが報告されている。エラーを少なくするという観点に基づけば，ビデオカメラなどの記録用機器を用いたデータ収集法が必ず用いられているような印象を受けるかもしれない。しかしながら実際には，観察のセッティング等の状況によってこうした記録用機器を必ず使用できるわけではなく，記録用機器を使用しない研究も多く行なわれていることがわかる。本章では，信頼性，妥当性，正確性について概説し，それらを観察研究において高める方法について紹介する。

1節　信頼性

信頼性とは何だろうか。まず，例から考えてみよう。

　A保育園で自閉症スペクトラム障害がある3歳児，リョウくんの観察を行なうことになった。リョウくんのパニック行動について観察を行ない，対処方法を考案することになった。初めは学級担任のミナコ先生に観察をお願いしていたが，他の子どもたちの対応に追われ，観察は難しいとの訴えがあった。そのため，担任をもたない保育士のユキ先生に協力をお願いし，研究者と2名で観察を行なうことにした。給食と外遊びの時間に区切って，パニック行動が起きるたびに頻度を記録することになった。その結果，保育士のユキ先生はリョウくんのパニック行動について「10回」と報告し，研究者は「20回」と報告した。

2人の違いは何だろうか。
　信頼性（reliability）とは，測定手続きが同じ自然状態に反復して接触させられた場合，同じ価値を生み出す程度を指す（Johnson & Pennypacker, 1993; Cooper, Heron, & Heward, 2007 中野訳 2013）。つまり，何度繰り返し測定しても同じ結果が得られるかどうかであり，観察データの一貫性の程度を表わしている。観察法では，観察者が観察を行なう際に見落としてしまうことや，観察者によってズレが生じてしまうことが考えられる。上記の例においては，学級担任のミナコ先生が何度測定をしても信頼性が低いことが想定できた。もちろん行動は生じるとすぐに消えてしまうので，観察のやり直しはできないし，リョウくんも給食の時間に毎回同じ行動を示すわけではない。しかし，学級担任であるミナコ先生は他の子どもたちの世話に追われ，観察だけに集中するわけにはいかず，同じ行動を繰り返し観察してもミスやズレが生じてしまうことが考えられたため，観察者には適切ではなかった。
　信頼性は，一般的に**観察者間一致（interobserver agreement：IOA）**という指標によって示される。IOAは，2名またはそれ以上の観察者が同じ事象を

測定した後に同じ観察値を報告する程度のことである（Cooper et al., 2007 中野訳 2013）。観察者が独立して観察を行なった際の観察データの一貫性を指す。もちろん2名の観察者は，次の3つの基準を守る必要がある。1つめは，同じ観察手続きを用いなければならないということである。事前に用意されたマニュアルや記録用紙などは必ず同じものを用いる必要がある。2つめは，あたりまえのことであるが，同じ観察対象と事象を観察しなければならないということである。3つめは，前述のように「独立して」観察および記録をしなければならない。観察者同士で，観察の途中で相談などはしてはならない。上記の例では，まずユキ先生と研究者が観察手続きを共有し，リョウくんがどの子どもなのかを事前にチェックし，パニックとは何かを理解する。そして，ユキ先生と研究者は離れた位置で相手の記録に影響されないように観察を行なう。

1　観察者間一致（IOA）の算出方法

　IOAを算出する方法は多く存在するため，代表的なものだけを以下にまとめる。最も広く用いられている方法の一つは，観察者間の一致百分率を示すことである。研究論文の場合は，IOAは少なくとも80％以上，通常は90％以上であることが望ましいとされている（たとえば，Alberto & Troutman, 1999 佐久間・谷・大野訳 2004）。すべての観察期間において2名以上の観察者を設け，IOAを算出することは現実として難しいため，実践研究では観察時間の一部において2名の観察者による観察を行なうことが多い。統計的指標の κ（カッパー）係数はハートマン（Hartmann, 1977）によってIOAの測度として示されているが，応用行動分析の文献ではあまり報告されない。IOAは，観察データを収集した観察方法によって異なるため，事象記録法，時間計測，インターバル記録法の3つに分けて次の項で説明する。

(1) 事象記録法

　まず，事象記録法によって収集されるデータのIOAについて3種類の方法を紹介する。

①全カウント IOA

全カウント IOA（total count IOA）は，2名の観察者が記録した反応の総数の一致百分率である。少ないほうの回数（頻度）を多いほうの回数（頻度）で除し，100 を乗じる計算式で求められる。たとえば保育園のリョウくんの例の場合，10（ユキ先生の報告）÷ 20（研究者の報告）× 100 = 50 となり，全カウント IOA は 50％となる。

②各インターバルカウント平均 IOA および各インターバルカウント完全 IOA

たとえば，リョウくんのパニックの総数について2名の観察者がそれぞれ25回と同数を報告した場合でも，同じタイミングで1回と数えていたのかといった観察の質については確かめられていない。全カウント IOA は最も加工されていない IOA ではあるが，一致の度合いを詳細に検討していないという弱点があると指摘されてきた（たとえば，Tawney & Gast, 1984）。つまり，報告された行動が同一であるという確証が示せないという問題である。**各インターバルカウント平均 IOA**（mean count-per-interval IOA）および**各インターバルカウント完全 IOA**（exact count-per-interval IOA）は，2名の観察者の報告した総数に一致が見られた場合，観察期間において短いインターバルを設け，その各インターバルにおいて一致が見られるかを算出して求める IOA である。

表 6-1 のように観察期間をたとえば5つに分割し，観察者に各インターバルにおける行動の頻度を記録してもらう。保育園の例では，ユキ先生と研究者

表 6-1　各インターバルカウント平均および完全 IOA の算出例（Cooper, et al., 2007 中野訳 2013 より作成）

5分インターバル	観察者1 （大学院生）	観察者2 （研究者）	各インターバル IOA
1（0-5 分）	2	4	2/4 = 0.5（50％）
2（5-10 分）	4	2	2/4 = 0.5（50％）
3（10-15 分）	6	8	6/8 = 0.75（75％）
4（15-20 分）	8	6	6/8 = 0.75（75％）
5（20-25 分）	5	5	5/5 = 1（100％）
総数	25	25	

の報告数が合わなかったため，次の日に大学院生に協力を依頼して 25 分の給食の時間を 5 つの 5 分インターバルに分け，インターバルごとにリョウくんのパニック数を記録してもらった。表 6-1 から，観察者 1（大学院生）と観察者 2（研究者）の観察データの総数はともに，25 回で一致していた。一致しているのだから，信頼性に問題はないと思われるかもしれないが，短い 5 分インターバルごとに確認してみると報告回数はばらつきがあることがわかる。つまり，2 名の観察者の観察データは一致が見られていないといえる。各インターバル平均 IOA は，各インターバル IOA を加算し（0.5 + 0.5 + 0.75 + 0.75 + 1），それを総インターバル数（5）で除し，100 を乗じることで算出する。つまり，各インターバル平均 IOA は 70％となる。一方，各インターバル完全 IOA は最も厳しい基準であり，2 名の観察者の各インターバル IOA が 100％を示した回数を使用する。表 6-1 から各インターバル IOA が 100％を示したインターバルは，5 つめ（20 〜 25 分）のインターバルのみであった。各インターバル完全 IOA は，100％を示したインターバル数（1）を総インターバル数（5）で除し，100 を乗じて算出する。つまり，1 ÷ 5 × 100 となり，20％となる。各インターバル完全 IOA が 20％と最も低い信頼性を示したことが明らかになった。このように，同じ反応数に基づく IOA の指標でも，計算方法によって 50％，70％，20％とばらつきが見られた。得られた観察データに関して，さまざまな面から信頼性の検討が重要であるといえる。

③試行別 IOA

　3 つめは，**試行別 IOA（trial-by-trial IOA）**である。試行ごとの計測をもとにして算出する IOA である。これは，2 名の観察者が一致した試行数を全試行数で除し，100 を乗じて算出する。リョウくんの例に戻って考えてみよう。担任のミナコ先生が「片づけましょう」と指示を出した際の彼のパニック行動を観察するとする。この場合，ミナコ先生が「片づけましょう」と指示を出すたびに 1 試行とカウントすることにして，2 名の観察者で観察を行ない，生起・非生起の頻度を記録したとしよう。その結果，10 試行のうち，2 名ともが「生起」と記録した試行数は 6 試行であれば，先ほどの式に当てはめてみると，6 試行（2 名の観察者が一致した試行数）÷ 10（全試行数）= 60 となり，試行別 IOA は，60％

となる。

(2) 時間計測

次は、持続時間（duration）、潜時（latency）、反応間時間（interresponse time：IRT）など、時間計測によって収集したデータにおけるIOAの算出方法である。持続時間は、対象者が特定の行動に従事する時間の長さを指す。平均持続時間は、標的行動を行なうのに費やしたそれぞれの時間を計測し、その平均時間を算出したものである。たとえばパニック行動であったら、1日10回以上起こっていたパニック行動の時間をすべて計測した後に平均時間を求める。全持続時間は、標的行動に従事したすべての時間である。先ほどの例でいうと、1日においてリョウくんがパニック行動に費やしたすべての時間である。潜時は、ある標的行動が要求されてから対象者がその行動を開始するまでにかかった時間を指す。たとえば「片づけましょう」という指示が出た際には、片づけに着手するまでの時間である。反応間時間は、2つの反応の連続生起の間で経過する時間を指す。たとえば、手を引っかく行動が頻繁に出ているとしたら、1回めの手を引っかく行動の終わりから2回めの手を引っかく行動の始まりまでにかかる時間である。時間計測データにおけるIOAの算出方法は、基本的には事象記録法と同様であり、潜時、反応間時間においても同様であるため、以下では持続時間のみ例を出して説明する。

①全持続時間IOA

全持続時間IOA（total duration IOA） は、2名の観察者による持続時間のうち、短いほうを長いほうで除し、100を乗じることで求められる。たとえば、リョウくんの1日のパニック行動の時間について計測したところ、観察者1（ユキ先生）は40分、観察者2（研究者）は50分と報告したとする。式に当てはめると、40（短い方）÷50（長い方）×100＝80、全持続時間IOAは80％となる。事象記録法と同様に、2名の計測した各持続時間に不一致が見られるかもしれないため、次の各生起平均持続時間IOAをあわせて算出することが望ましい。

②各生起平均持続時間 IOA

これは，事象記録法における各インターバルカウント平均 IOA と類似している。各持続時間において**各生起平均持続時間 IOA（mean duration-occurrence IOA**；たとえば 1 回めの計測において，観察者 1 が 15 分，観察者 2 が 23 分と報告した場合，15 ÷ 23 = 0.65）を算出し，それらをすべて加算していく（0.65 + ○ + … と 5 回めの計測値まで加算する）。そして，持続時間を計測した回数（今回は 5 回）で除し，100 を乗じることによって求められる。

(3) 時間見本法

時間見本法（time sampling）は，一定の時間間隔を観察単位として行動の生起を記録する方法であり，インターバル記録法（interval recording）や瞬間タイムサンプリング法（momentary time sampling）などが含まれる（第 3 章参照）。

①インターバル別 IOA

インターバル別 IOA（interval-by-interval IOA） は，ポイント別法，全インターバル法ともいう。これは，2 名の観察者間の一致したインターバル数と一致しなかった（不一致）インターバル数を用いて算出することができる。たとえば，リョウくんのパニックについて 30 秒インターバル記録法を用いて 5 分間の観察を行なったとする。ユキ先生（観察者 1）と研究者（観察者 2）は，パニック行動が生起したインターバルに ✓ 印を記入した（表 6-2 参照）。インターバル別 IOA は，一致したインターバル数を一致したインターバル数と一致しなかった（不一致）インターバル数を加算したもので除し，100 を乗じて求める。表 6-2 から，一致したインターバル数は 5（第 2，4，6，8，9 インターバル），

表 6-2　インターバル記録法によるパニック行動の観察および記録例

インターバル	1	2	3	4	5	6	7	8	9	10
観察者 1（ユキ先生）	✓	✓			✓		✓	✓		✓
観察者 2（研究者）		✓	✓					✓		

注）✓印は行動の生起を表わす。

一致しなかったインターバル数は 5 であった。式に当てはめると，5 ÷ (5 + 5) × 100 = 50，インターバル別 IOA は 50％である。

②記録されたインターバル IOA および記録されなかったインターバル IOA

①のインターバル別 IOA は，偶然の一致に左右されやすい算出方法であるため，**記録されたインターバル IOA（scored interval IOA）**あるいは**記録されなかったインターバル IOA（unscored interval IOA）**を用いることが望ましい。記録されたインターバル IOA は，観察者のいずれか一方あるいは両方が「生起」と記録したインターバルだけを用いて算出する。表 6-2 から，観察者のいずれか一方あるいは両方が「生起」と記録したインターバルは，7（第 1，2，3，5，7，8，10 インターバル）である。この 7 つのインターバルにおいて，両方の観察者が一致していたインターバルは 2（第 2，8 インターバル）であり，一致しなかったインターバルは残りの 5（第 1，3，5，7，10 インターバル）である。ここからは①のインターバル別 IOA の算出式と類似しており，2（一致したインターバル）÷｛2（一致したインターバル）＋ 5（一致しなかったインターバル）｝× 100 ≒ 28.6 で，記録されたインターバル IOA は 28.6％となる。

記録されなかったインターバル IOA はこれと逆であり，観察者のいずれか一方あるいは両方が「生起しなかった」と記録したインターバル（第 4，6，9 インターバル）だけを用いて算出する。式に当てはめると，3（一致したインターバル）÷｛3（一致したインターバル）＋ 5（一致しなかったインターバル）｝= 37.5 で，記録されなかったインターバル IOA は 37.5％となる。

最後に，これらは観察者間の信頼性を示すために算出する指標であるため，標的行動が 75％以上のインターバルで記録される場合には，記録されたインターバル IOA ではなく，記録されなかったインターバル IOA を選択すべきであるという基準がある（Stern, Fowler, & Kohler, 1988）。これにより，なぜ観察者間に不一致が生じたのかを検討しやすくなる。

2　信頼性を高めるために

ヒューマンエラーを極力減じるために，観察および記録方法を整備し，十分な観察者訓練を行なうことで信頼性を高めなければならない。

(1) 観察および記録方法の整備

　信頼性を高めるには，まず観察および記録方法を整備することがあげられる。具体的には，観察者が観察しやすい環境を整えることから始める。たとえば，観察場所，観察対象の人数，標的行動の数やその定義，観察時間やインターバルの長さなどである。特に，学校・保育などの実践現場などでは，観察しやすい環境において観察できるとは限らないため，事前の準備や先方との入念な打ち合わせが必要となる。観察場所は観察対象に近いほど観察しやすいが，近すぎると観察者の存在が観察対象になんらかの影響を及ぼす**反応性（reactivity）**が高まる危険性がある。観察の容易さは，観察対象の人数，標的行動の数，定義の質などと関連する。観察対象および標的行動が少なく，標的行動の操作的定義が明確になされていると，観察は容易になるのである。保育園のリョウくんの例では，パニック行動の報告回数に，保育士のユキ先生は10回，研究者は20回と大きな違いが見られた。後から確認したところによると，「パニック」という標的行動の定義が曖昧であり，日ごろからリョウくんを見慣れているユキ先生は泣くなどの少々の行動は「パニック」とカウントしていなかったことが判明した。その後，「パニック」行動の定義をやり直し，再度情報共有を図ったところ改善されたとの報告があった。

　ヒューマンエラーを減らすためには，観察時間やインターバルの長さにも考慮しなければならない。ヤーキーズ・ダッドソンの法則にもあるように観察者のヴィジランスには限界があり，短い観察を何度も繰り返すほうがエラーは出にくくなる。幼い子どもたちを観察対象にする場合には，彼らの発達段階も考慮してインターバルなどを設定すべきである。幼い子どもは行動が全体的にゆっくりであるため，インターバルは20秒や30秒などと長くしても観察できるが，年齢が上がるにつれ行動のスピードは上がっていくため調整する必要があ

観察者による標的行動の定義のあいまいさを回避する

る。さらに観察の際には，記録の時間も設ける必要がある。たとえば 30 秒インターバル記録法を用いる場合は，30 秒のインターバルのうち 20 秒を観察，10 秒を記録に割り当てるというように適宜記録時間を設けることでエラーが減るだろう。万が一，記録ミスなどがあった場合にはどのように中断するか，実践現場では子どもがケガをするなどの不測の事態も起こりうることから，中断の際のルールも事前に決めておきたい。

(2) 観察者訓練

　観察研究においては，IOA を算出するために，研究者以外の数名の観察者に依頼をして観察を行なってもらうことが一般的である。その際，まず誰を観察者として選ぶか，選んだ観察者にどこまでの情報を伝えるか，訓練においてどのようなスキルを身につけさせるかといったことが観察の質に影響を与える。海外の研究においては，外部の人を観察者として雇ったり，ボランティアを募集することが多いが，日本で行なわれている研究の多くは大学院生など，研究者の身近な人に依頼をすることが多いようである。外部雇用はコストがかかるというデメリットはあるが，そもそも海外の研究は研究費が潤沢である場合が多い。そのため，ある程度長い期間にわたって観察を依頼することができるというメリットもある。観察者が大学院生である場合，ある程度の心理学の素養があり，**観察者訓練**の経験や，学校現場などの情報に熟知しているというメリットもあるが，すべての観察を依頼することは時間的，コスト的にも難しい場合がある。観察者に誰が適切かといったことは，その後の観察者訓練の長さにも，観察データの信頼性にもかかわるため，慎重に選びたいものである。

　観察および記録方法は研究によってさまざまであるため，研究ごとに観察者訓練が少なからず必要であると考えられる。観察者訓練においてはまず，観察者にどこまでの情報を伝えるかを明確にする。そして，標的行動の操作的定義，記録用紙の呈示および使い方の説明，観察対象についての情報，観察場所の説明や制限，予期せぬことが起こった際の対処などの情報を口頭や書面等で伝える。マニュアルとして事前に書面でまとめておくと，観察者が好きな時間帯に確認できるという利点がある。もしストップウォッチや IC レコーダーなどを用いる場合には，正しい使い方について伝えておかなければならない。

観察者訓練の方法は，さまざまである。事前に短い観察場面を動画で見せ，練習を行なう，実際に直接観察によってデータを収集させるなどがある。もちろん直接観察だけでなく，文章や物語形式の事例を呈示し，練習を行なわせる場合もあるが，どのようなかたちであれ直接観察の練習を行なったほうがスキルアップを図りやすい。訓練を行なった観察者に対しては，正誤のフィードバックを与えることが望ましい。最終的に観察者のスキルについて客観的な評価を行ない，実践研究の観察者としてふさわしいかといった点を評価し，研究に臨む。観察者訓練において，複数の観察者で観察についてお互いの視点について話し合うなどの機会をもつことも観察の質を高めることにつながる（南風原・市川・下山，2001）。観察者訓練の詳細については，クーパーら（Cooper et al., 2007 中野訳 2013）などを参照されたい。なお，こうした手続きは，観察者の事前の経験や知識等によらず，観察に着手する前に徹底しておく必要がある。

(3) 観察者が及ぼす影響

　観察者を慎重に選び，観察者訓練において観察および記録方法に必要な情報を万遍なく伝え，観察を滞りなく進めるだけのスキルを身につけさせたとする。しかし，それでも観察者が引き起こしてしまうさまざまな影響がある（Cooper et al., 2007 中野訳 2013）。1つめは，**観察者ドリフト（observer drift）** である。これは観察を進める中で，観察者が意図せずに観察および記録方法を変えてしまうことである。先ほどのリョウくんのパニック行動の例のように，標的行動の定義が曖昧であると，観察者それぞれが勝手な解釈をしてしまい，データ収集の基準がどんどん歪められていく。2つめは，**観察者の予測期待** である。応用行動分析における実践研究の場合，ベースライン期，介入期が設けられている研究デザインを用いることが多いため，介入期には標的行動に変化が見られるはずだと思い込み，無意識にデータを改ざんしてしまうことがある（本シリーズ第1巻「心理学研究法」を参照）。それが，観察者の予測期待である。研究者が観察者にとって身近な人間である場合にも，研究者を喜ばせようという思いから，データが歪められてしまうことがある。これらのバイアスを防ぐ方法は，何も知らない観察者（naïve observer）に観察を依頼することである。こ

れは，観察訓練は受けているが，研究目的についてはほぼ知らされていない，または介入期などの研究計画について知らされていない観察者のことである。3つめは，**観察者反応性**（observer reactivity）である。前述の反応性と類似したもので，観察者が，自分が報告するデータを他者が評価していると意識することによって起こる影響である。たとえば，研究者が大学の指導教員であり，観察者が指導を受ける大学院生であり，同時に観察を行なう状況があるとすれば，大学院生が指導教員の目を意識して緊張してしまい，観察に影響を与えてしまうことがある。観察者反応性を防ぐには，観察者訓練の質を高める，観察者同士の距離を離す，お互いに接触せずに観察を行なう，などの工夫が必要となる。これらの3つの影響から，観察が始まった後でも定期的に観察者をモニターすることが重要となるのである。

2 節　正確性

正確性（accuracy）は，事象を測定することによって得られる数量的値である観察値（observed value）がその事象が自然に存在するとおりの真の状態，ないし真の値（true value）と一致する程度を指す（Johnson & Pennypacker, 1993; Cooper et al., 2007 中野訳 2013）。真の値とは，研究者がエラーを極力除去し，予防策を講じた手続きではなく，それとはまったく異なる手続きによって得られる測度のことである。たとえば，先生の顔を見るといった対象児の注目行動について観察を行なったとする。教室内で先生の顔を見るという行動を観察した。観察者は，先生が全員に向けて話をした10分間において，対象児の注目行動は8分間であったと記録した。これが観察値である。しかし，対象児に付けていたアイトラッカー（視線追跡装置）のデータを確認したところ，注目時間は4分であったことが明らかとなった。これが真の値である。対象児は先生の顔ではなく，黒板の上に掲示されていた運動会のポスターを見ていたことが判明した。このように，観察値と真の値が異なる場合，観察の正確性が低いと結論づけることができる。観察者が起こしやすい測定バイアス（measurement bias）を含んでいる可能性もある。正確性は信頼性，妥当性と

相対的に関連しており，観察を行なった際には真の値を測定し，それを観察値と比較した結果を信頼性，妥当性と合わせて報告しなければならない。しかし，半数を超える研究において信頼性は IOA によって示されているのにもかかわらず，正確性を示した研究は非常に少ないことが報告されている（Kostewics et al., 2016）。

3 節　妥当性

1　妥当性

　妥当性 (validity) は，観察データが観察された現象（標的行動）とそれを観察する研究目的（理由）と直接関連する程度を指し（Cooper et al., 2007 中野訳 2013），測りたいものを測っているかということを表わす。質問紙法における妥当性は，尺度が測りたい構成概念を適切に測定しているかであり，内的妥当性，基準関連妥当性，構成概念妥当性などの種類がある。応用行動分析における妥当性は，①社会的に重要な標的行動を直接測定しているか，②観察および研究目的と関連した標的行動の次元を測定しているか，③観察および研究目的と照らし合わせ，最も関連する条件や時間帯に標的行動の測定を行なっているか，といった 3 点を重視する（Cooper et al., 2007 中野訳 2013）。①は社会的妥当性（social validity）であり，次の項で詳しく説明する。ここでは，②および③について取り上げる。

　観察および研究目的に応じた標的行動を決めた後に，標的行動の次元を慎重に選ぶ。次元というのは，その行動に従事した回数である頻度，頻度を時間に対する比として表わした比率，持続時間，潜時，その行動の形，見た目である反応型，強度，場所（位置）などである。リョウくんのパニック行動を介入によって減らすために観察を行なう場合には，パニック行動の頻度を測定する必要がある。パニック行動を減らすことが目的であるのにもかかわらず，質的な情報である強度だけを測定するのは目的に合っていないからである。また，片づけ自体には時間がかからないが，なかなか片づけを始めようとしない子どもに対する介入を行なう際などには，片づけにかかる持続時間ではなく，片づけ

行動が生じるまでの潜時を測定することが適切である。このように，観察および研究目的に応じて標的行動を決めた後に，適切な次元を決める。特に一つの次元を選ぶべきというわけではなく，可能であるならば複数の次元で観察を行なう。

　標的行動およびその次元を決めた後に，いつ，どのような状況や環境でその行動を測定するのかを決める必要がある。リョウくんの例に戻ると，予備観察や学級担任の主訴により，リョウくんのパニック行動は給食の時間や運動場の外遊びの時間帯に多いことが明らかとなっていた。また1人でいるときよりも，集団の中にいるときのほうが多く起こっていることが報告されていた。そのため，観察は，給食および外遊びの時間帯に実施することに決め，保育園側にも自然な集団の状態を維持してほしいと依頼した。つまり，教室内での活動や1人で黙々と遊んでいる時間帯には，観察は行なわなかった。直接観察は，時間や相手側が許せば，いつでもどこでも観察は可能であるともいえるが，実際には研究者や専門家には限られた時間しかない。そして，限られた時間の中で研究の目的を明らかにする，あるいは直接観察に基づいた介入を実施するための情報を得るためには，標的行動と関連した条件や時間帯に測定を行なうことが妥当性を高めるのである。

　観察研究の目的が観察対象のある面を知りたいといった探索的なものである場合には，観察期間中，すべてにおいて万遍なく行動を観察すべきである。行動は生起し続けるものであるため，研究者が任意に選んだ日や時間帯における観察結果だけを見て，結論を出すことには危険が伴う。観察はたとえ短い時間であっても頻繁に行なうようにスケジュールに組み込むことが望ましい（Cooper et al., 2007 中野訳 2013）。それぞれの観察においては，観察の状況や環境の一貫性が保たれるように配慮が必要である。さらに，観察の初期段階において，選択した観察法の標的行動，手続きと研究目的との一致の程度を確認する必要があるだろう。実践現場においては，産物記録法の対象となる行動的産物は日々変わる可能性がある。事象記録法やインターバル記録法を選択した場合でも観察を始めてみるとその観察法が標的行動と適していない場合もある。観察方法にかかわらず，頻繁な確認が必要であろう。

2　社会的妥当性

社会的妥当性 (social validity) の定義はさまざまであり，たとえば杉山・島宗・佐藤・マロット・マロット (1998) は，社会的妥当性を介入プログラムの目的，手続き，結果が，クライアントと行動分析家を含む社会にとって受け入れられるかどうかを表わすものと定義した。行動コンサルテーションにおいては，行動的介入が周囲の人的環境および社会的な観点からその価値や重要性が認められることを指す（加藤・大石，2004）。現在では，社会的妥当性は①介入の目標が社会的に重要であること，②介入手続きが社会的に適切であること，③介入の効果が社会的に重要であるこという3つの要素をもつものという理解が一般的である（Wolf, 1978）。

応用行動分析学においては，特に標的行動と介入方法の選択において社会的妥当性の検証が必要とされている。応用行動分析の技法は人間のさまざまな行動の変容に用いることが可能である。しかし，保護者や教師，研究者が「変えたい」と訴える行動を標的行動として取り上げるというのは，倫理的な問題を生じさせる可能性がある。たとえば，学校現場において教師に対する自由な「発言」を標的行動として取り上げたいという主訴があった。その教師は，教室内が常にシーンと静かでないと自分自身が落ち着かないからだと訴えた。介入を行なえば自由な「発言」は減少するだろうが，それは教育上望ましいことだろうか。行動的介入を行なう際にそのような個人的な理由で標的行動を決めてはならないのである。リョウくんの例では，パニック行動を標的行動とした。理由としては，リョウくんのパニック行動は頭を地面や壁に打ちつける，他者に頭突きをするなどであり，自分自身や他者を傷つける可能性が高かったこと，パニック行動が長引くと給食を食べることができなくなってしまうなどの理由があり，社会的妥当性が高い標的行動として選択することになった。介入方法についても，応用行動分析学におけるさまざまな行動的技法を社会的に適切なかたちで用いなければならない。たとえば不適切な行動を減少させる弱化においては，タイムアウト（問題行動の生起に随伴して短時間，正の強化子に触れる機会を撤去する方法）や過剰修正（正の弱化を用い，対象者が問題行動を起こすと短時間労力を要する活動をさせる方法）など（いずれも Miltenberger, 2001 園山・野呂・渡部・大石訳 2006）臨床現場での使用に十分な配慮が必要

な技法がある。パニック行動を無視するといった消去などでも，その方法が社会的に，つまりその臨床現場において適切かを検討して用いなければならない。標的行動と介入方法と同様に，観察および記録方法においても，社会的妥当性がある手続きを選択しなければならない。観察対象への倫理的配慮はもちろんのこと，他の児童生徒や保護者が受け入れやすい観察手続きを用いるなどの配慮が必要である。

　介入手続きの社会的適切さは，介入の受容性（treatment acceptability）としても知られている。ウィットとエリオット（Witt & Elliott, 1985）は，社会的妥当性のモデルを提案した。まず，介入前に対象者が介入について受け入れており，介入の受容性が高い状態となっている必要がある。介入の受容性が高いと，介入が実施できる確率も高まる。介入の実施には，介入が提案どおりに正確に実施される程度を表わす介入の厳密性（treatment integrity）が関連する。介入の効果は介入の厳密性と関連し，介入の厳密性が高いほど効果的である。介入の受容性も介入の厳密性を高め，結果として介入の効果を増加させる。このように，社会的妥当性は，介入の受容性，介入の実施，介入の厳密性，介入の効果といった4つの側面によって相乗的に高められるものであることが示されている。

　では，社会的妥当性はどのように示すのだろうか。現在までさまざまな方法が提案されている（Carter, 2010）。代表的なものは，インタビュー（面接），直接観察，パフォーマンス基準（performance criteria），質問紙調査などである。たとえば，海外では「これらの行動はあなたの教室の他の生徒にどのような影響を与えますか？」などの目標の社会的重要性，「今回の介入のどのような面が実行する際に最も困難ですか？」などの社会的受け入れやすさ，「今回の介入は，今後類似した問題に効果があると思いますか？」などの効果の社会的重要性について21項目にわたる半構造化面接のフォームが作成されている（たとえば，Gresham & Lopez, 1996）。直接観察では，介入によって変容した標的行動の変化が社会的に重要な行動を生み出したのかなどを検討する。これは社会的妥当性について豊富な情報を与えてくれるが，時間とコストがかかるため，実際はあまり行なわれていない。パフォーマンス基準は，介入の実施前にパフォーマンスの基準を設定し，介入後の変容した行動をその基準と比較す

ることで社会的妥当性を示す。基準は，理想や規範，不足などのレベルで設定することが多い（Fawcett, 1991）。つまり，社会的にどのような変化をしてほしいかなどを介入前に明確にしておき，それを評価することで，その介入自体の社会的妥当性を実証するのである。そして，海外では社会的妥当性を測定する標準化された調査票が複数存在し，介入後に対象者に調査を実施することで社会的妥当性を示すことが多い。日本においては標準化された調査票は存在せず，研究者が適宜短いアンケートを作成して実施していることが多いようである（たとえば，道城, 2014）。

第 7 章

観察データのグラフ作成と変化の判定

　行動観察によって収集したデータは，グラフ化することによって視覚的に分析することができるようになる。スプリッグスとガスト（Spriggs & Gast, 2010）は，行動観察のデータを視覚的にグラフ化する目的として以下の2点をあげている。1点めはデータを収集している期間にデータをまとめることである。このことによって，データを収集しながら介入効果を検討し，場合によっては介入内容の再検討をその場で行なうことができる。2点めは，独立変数と従属変数の「機能的関係」を検討することである。機能的関係とは一事例実験デザインを用いて独立変数を実験的に操作したときに，独立変数の操作に伴って従属変数が変化する関係のことである（Kennedy, 2005）。独立変数と従属変数の機能的関係があるということは，従属変数に対して独立変数がなんらかの影響があることを示している。

　本章では，「グラフの作成方法」「グラフの視覚的分析」「一事例実験デザインによる変化の判定」について解説する。

1節　グラフの作成方法

1　折れ線グラフ

折れ線グラフは時系列のデータを示す場合に使用される。たとえば，ベースライン期となんらかの介入期がそれぞれ一定期間存在する場合は，時間が経過していることから時系列のデータということになり，折れ線グラフを使用するのが適切である。また，後述する一事例実験デザインを用いてデータ収集をする場合は，折れ線グラフでデータを示すことがほとんどである。

ここではベースライン期と介入期が一つずつあるABデザインの仮想データを用いて折れ線グラフの作成方法を解説する（図7-1）。縦軸は頻度や割合など行動に関する変数を示し（①），横軸は時間の経過を示す（②）。ベースライン期や介入期のように，介入を実施していない，もしくは介入を実施している時期のまとまりのことをフェイズと呼ぶ。図7-1の仮想データはベースライン期と介入期の2つの**フェイズ**で構成されているということになる。フェイズの間は縦線で空間を分け，グラフの線は結ばない（③）。なんらかの理由で，データがとれない日があった場合も線を結ばないようにする（④）。フェイズには名前をつけたうえで，グラフの上部にそれを明記する（⑤）。ベースライン期は「ベースライン期」，介入は実施した介入内容（たとえば，「トークン・エコノミー期」

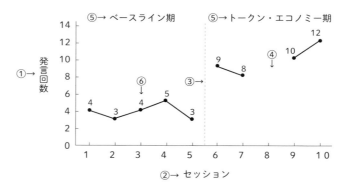

図7-1　折れ線グラフの作成方法（仮想データ）

など）と名前をつけることが多い（ちなみに，トークン・エコノミーは，適切な行動に対してトークン（「代用貨幣」の意味でシールなどを用いることが多い）を報酬として提示する技法である。トークンを一定量集めると，ご褒美となる物品や活動と交換することができる）。これまでデータをグラフ化する際に，数値をグラフ上に表示することは必ずしも求められていなかったため，先行研究ではグラフに数値が記載されていない場合もしばしば見受けられる。しかし，近年一事例実験デザインを用いたデータのメタアナリシス（第8章参照）が開発され，統計的検定をすることが可能となってきた。メタアナリシスを行なうためには数値が必要となるため，グラフ上に数値を記載することが望ましい。

さて，図7-1のグラフではどれが独立変数でどれが従属変数になるだろうか？独立変数が従属変数に影響を及ぼすと考えるとわかりやすくなるだろう。独立変数は介入であるトークン・エコノミー，従属変数は変容の対象となっている行動の発言回数である。

以上のように折れ線グラフを作成すると，介入を実施していない時期と実施した時期において，時間の経過と従属変数である行動の変化が視覚的にわかりやすくなる。図7-1の場合は，何もしていないベースライン期に比べてトークン・エコノミーを実施している時期のほうが，発言回数が増加していることがわかる。

また，使用頻度は高くないものの，累積折れ線グラフを用いることがある（図

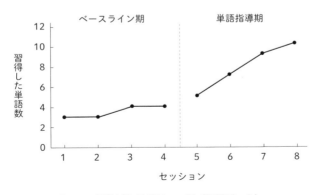

図7-2　累積折れ線グラフの例（仮想データ）

7-2)。累積折れ線グラフは，習得した単語の量など積み重なって増加もしくは減少する変数を示す場合に用いることが多い。

2　棒グラフ

棒グラフは時間が連続していないデータを示す場合に用いることが多い。たとえば，図 7-3 のようにベースライン期が一時点，介入期が一時点の場合には棒グラフを使用する。また，複数の独立変数や従属変数を比較する場合に棒グラフを用いることがある（図 7-4）。

図 7-3 と図 7-4 はベースライン期が一時点，介入期が一時点の仮想データを

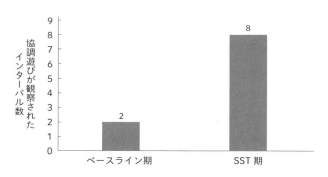

図 7-3　棒グラフの例（仮想データ）

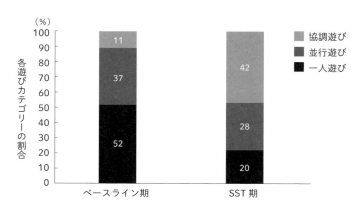

図 7-4　積み上げ棒グラフの例（仮想データ）

グラフ化したものである。図7-3のような棒グラフは1つの行動の頻度や割合を示す場合に用いられ，図7-4のような積み上げ棒グラフは複数の行動が全体に占める頻度や割合を示す場合に用いられる。折れ線グラフと同様に，縦軸が頻度や割合など行動に関する変数を示し，横軸は時点を示す。図7-3は，ベースライン期よりもSST（Social Skills Training（社会的スキル訓練）の略であり，人間関係を円滑にする知識やコツを構造的に習得する技法である）を実施した時期のほうが協調遊びが多く観察されたことを表わしており，図7-4はベースライン期よりもSSTを実施した時期のほうが協調遊びの割合が増え，並行遊びや一人遊びの割合が減少していることを表わしている。

3　グラフ作成上の注意

行動観察のデータをグラフ化することによって視覚的な分析が可能となるが，同じデータでもグラフの作成方法によって，効果があるようにもないようにも見せることができてしまう。図7-5には，同じ数値のデータを用いて，縦軸と横軸の大きさの割合が異なる2つのグラフを示した。これらのグラフは同じ数値であるにもかかわらず，視覚的には異なる印象を与える可能性がある

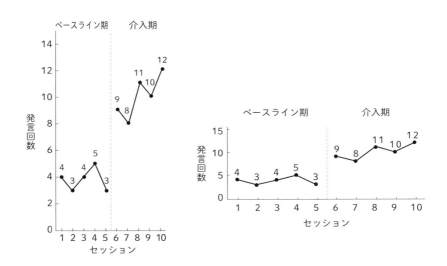

図7-5　縦軸と横軸の比率による違い（仮想データ）

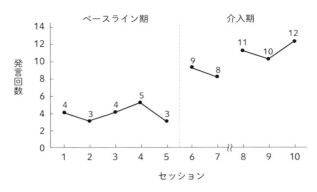

図 7-6　中断がある場合の表記（仮想データ）

ため，縦軸と横軸の割合はだいたい 2：3 にすることが望ましいとされている（Riley-Tillman & Burns, 2009）。ただし，データの性質によって必ずしも 2：3 の縦横比が適さない場合もある（たとえば，データの収集が長期間にわたる場合など）。また，縦軸は下限値と上限値（たとえば，パーセントを用いる場合は 0 から 100）を表示する。

　折れ線グラフの場合は，横軸は等しい時間経過（セッションや日数など）を刻み，時間的な中断がある場合には省略線を用いて中断期間を示すようにする（Spriggs & Gast, 2010）。たとえば，セッションとセッションの間に夏休みなどの中断がある場合は，図 7-6 のセッション 7 とセッション 8 の間にあるように省略線を示す。

2 節　グラフの視覚的分析

1　フェイズ内の視覚的分析

　グラフを用いた**視覚的分析**では，フェイズ内での分析と，フェイズ間での分析を行なう。ここでは，フェイズ内の分析としてベースライン期にどのような点を検討するかを紹介する。ベースライン期のデータを視覚的に分析する目的は，ベースライン期のデータが対象者の実態を反映しているか，介入以外の

要因が従属変数である行動に影響を及ぼしていないかを確認することである。

　ベースライン期のデータが1つだけだった場合，そのデータがベースライン期を代表しているということはできない。たとえば，クラスでの離席回数のデータを収集していたとしよう。データを収集した日にたまたま授業参観があったら離席回数は通常と異なる可能性がある。たまたま，親しい友人が欠席していて離席回数が変化することもあるかもしれない。ベースライン期のデータが少なすぎると，授業参観のような偶然の要因を排除することができない。そこで，複数回繰り返して同じ行動のデータを収集し，サンプル数を増やす必要がある。ベースライン期のデータを何回とればよいのかという数値上の規定はないが，回数が多く期間が長いほど実態を反映する可能性は高くなる。たとえば，『行動分析学研究』の第30巻1号および2号に掲載されているヒトを対象とした介入研究（杉原・米山，2015；内田，2015；佐々木ら，2016；若林・中野・加藤，2016）に掲載されたグラフのデータ（n=24）を検討すると，ベースライン期のデータ数は0から19の範囲（平均 3.95）であり，ベースライン期の数は3つが最も多かった（n=16）。

　また，ベースライン期においてはデータの変動が小さい，すなわちデータが安定している必要がある。ベースライン期のデータは，介入を実施した場合にその介入効果を判定するための基準となるため，ベースライン期に著しくデータが乱高下する場合には，できるかぎりデータが安定するまでベースライン期を延長することが推奨されている（Barlow & Hersen, 1984）。ただし，応用場面における問題行動（たとえば，自傷行動や攻撃的行動）については，長期間対応を実施しないことは倫理的に許されないため，倫理的に問題のない範囲でベースライン期の安定を待つことになる。

2　フェイズ間の視覚的分析

　図7-1のようなグラフを見ると，発言回数が増加しているということが一目瞭然にも思えるが，私たちは何を基準として行動が変化していると判断しているのだろうか。細かく分けていくと，フェイズ間のデータの高さや傾きの違い，フェイズ間の差という要素があり，それらの要素からベースライン期と介入期の行動（従属変数）には違いがあると判断している。ベースライン期と介入期

の違いを検討するために注目するべき要素には，データの高さ，データの傾き，変化の即時性，データのばらつき，データのオーバーラップの5点があげられる。

(1) データの高さ

図7-7にベースライン期と介入期における発言回数の平均値を破線で示した。このようにベースライン期と介入期のデータの高さを比較するのがデータの変化を分析する最も基本的な方法であり，データの高さを表わす方法としては平均値が使われることが多い。図7-7ではベースライン期とトークン・エコノミー期で高さに違いがあるため，介入の効果があることが推測される。外れ値があると平均値が実態を反映しないこともあるため，その場合には平均値の代わりに中央値が使用される。

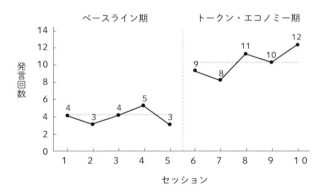

図7-7　フェイズ間の高さの違い(仮想データ)

(2) データの傾き

一定期間データを収集していくと，行動が増え続けるもしくは減り続けるといった傾向が見られることがある。この傾向はグラフにおいて傾きとして表現される。ベースライン期に傾きが見られる場合，何も介入をしなければその傾向が続くことが予想される。したがって，介入期において何もしなかった場合に予想される傾向と実際のデータの傾向を比較することで介入が行動に影響を

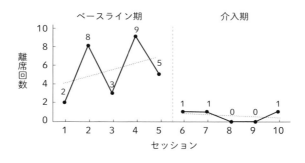

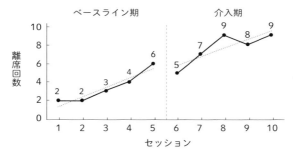

図 7-8 データの傾き（仮想データ）

及ぼしているかどうかを判断することができる。たとえば，図7-8の上図はベースライン期において正の傾きが見られる。そのまま何もしなければ行動は増え続けることが予想される。しかし，介入期においてはほとんど傾きが見られない。したがって介入が行動になんらかの影響を及ぼしていることが考えられる。下図では，ベースライン期における増加傾向が介入期においても続いている。このような場合，介入の実施は行動にほとんど影響を及ぼしていないと考えられる。

(3) 変化の即時性

フェイズ間の視覚的分析では，ベースライン期から介入期に条件が変わった際に，即座に行動が変化しているかという**即時性**も分析の観点に含まれる。図7-9の左図を見ると，ベースライン期から介入期に条件が変わった時点ですぐ

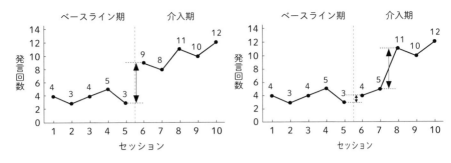

図 7-9 変化の即時性（仮想データ）

に行動が増加していることがわかる。一方右図では条件が変わった時点では大きな変化が見られず，セッション7と8の間で行動が増加している。左図のように即座に行動が変化している場合は，介入によって行動が変化していると推測される。右図のようにしばらくたってから行動が変化している場合には慎重に解釈する必要がある。介入が行動になんらかの影響を与えていることが推測されるものの，即座に変化している場合に比べると介入が行動に与える影響が明確ではない。計算問題の指導による正答率の変化など習得や変化に時間がかかることが事前に予測される場合には変化の遅れを問題視する必要はないが，変化の遅れの原因がわからない場合は独立変数である介入と従属変数である行動の関係を明確に示すことができない（Riley-Tillman & Burns, 2009）。

(4) データのばらつき

フェイズ間でデータのばらつきの度合いが変化しているかどうかも，視覚的分析の対象となる。図7-10を見てみるとベースライン期において行動が増加したり低減したりしているが，介入期に入ると安定して問題行動が少ない状態にあることがわかる。したがって，介入が安定的な問題行動の減少に影響していると考えることができる。ただし，データのばらつきを分析する際にはフェイズの中で一貫してばらつきがあるか安定しているかのどちらかであることが必要である。もし1つのフェイズの中でばらつきと安定の両方が観察されるとデータの予測と介入効果の判定が困難となるため，傾向が安定するまでデータの収集期間を延長することが推奨されている（Riley-Tillman & Burns, 2009）。

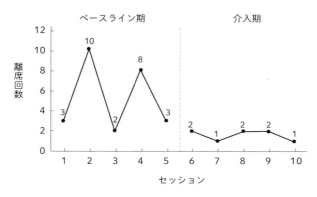

図7-10 データのばらつき（仮想データ）

（5）データのオーバーラップ

　ベースライン期と介入期のデータポイントがどの程度重なっているかも検討することができる。もし，介入が行動に及ぼす影響が大きければ，ベースライン期と介入期のデータはあまりオーバーラップしないはずである。図7-11の左図は1つもデータポイントがオーバーラップしておらず，右図は3つオーバーラップしている。この場合左図のほうが介入の効果が高いことが考えられる。データのオーバーラップを検討するという考え方は，一事例実験デザインに用いられる統計手法である Percentage of Non-Overlapping Data（PND）に応用されている（高橋・山田，2008）。

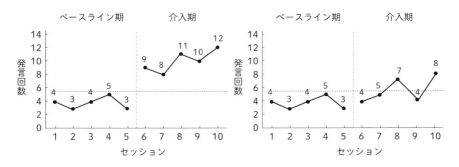

図7-11 データのオーバーラップ（仮想データ）

3節　一事例実験デザインによる変化の判定

　本章の冒頭でも述べたとおり、グラフによってデータを視覚化する目的の一つは、行動（従属変数）の変化は介入（独立変数）によるものであることを示すことである。そのためには独立変数と従属変数の機能的関係を明らかにすることが求められる。この機能的関係を検討する際に用いられるのが**一事例実験デザイン**である。

1　AB デザイン

　AB デザインは、ベースライン期（A）と介入期（B）の2つのフェイズにおいて行動観察データを収集し、ベースライン期と介入期を比較することで介入によって行動が変化したかどうかを判定する方法である。図 7-12 を見ると介入期に散歩をした日数が増加していることから、一見介入が散歩という行動に影響を及ぼしたように見えるかもしれない。しかし、たまたま第 5 週と第 6 週の間に梅雨が明けて散歩をする負担が軽くなったのかもしれない。このように AB デザインはベースライン期から介入期への条件の変更が 1 回しかないため、梅雨が明けるといった予想外の変数が影響していた可能性を除外することができない。このように、AB デザインでは独立変数と従属変数の機能的関係

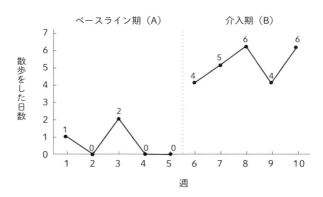

図 7-12　AB デザイン（仮想データ）

を示すことができない。

2 ABA デザイン

そこで，図7-13のように条件の変更を1回増やしたのが **ABA デザイン** である。2回の条件変更に伴って行動の変化が見られることから，AB デザインに比べると予想外の変数が影響していた可能性は低くなる。この ABA デザインは，独立変数と従属変数の機能的関係を示す最もシンプルな方法であるとされている（Gast & Hammond, 2010）。しかし，ABA デザインには問題が1つ存在する。図7-13を見ると介入期に減少した攻撃的行動が2回めのベースライン期に増加している。このように ABA デザインはベースライン期で終了させる手続きであるため，改善した行動をもとに戻してしまうことになり倫理的な問題が生じてしまう。特に攻撃的行動といった，対象者やその周囲の人に対する影響が大きい行動の場合には，ABA デザインを使用することは推奨されない。

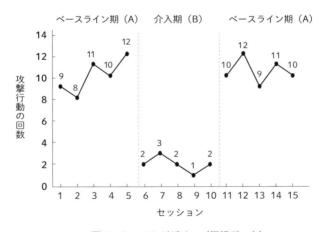

図7-13　ABA デザイン（仮想データ）

3 ABAB デザイン

AB デザインと ABA デザインの問題点を改善したのが，**ABAB デザイン** である。ABAB デザインでは，ベースライン期（A）と介入期（B）を交互に2

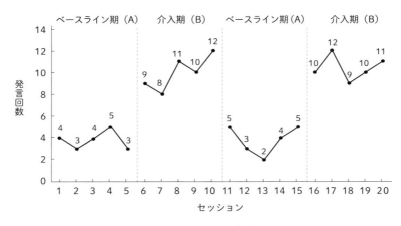

図 7-14　ABAB デザイン（仮想データ）

回ずつ繰り返す。図7-14を見ると，ベースライン期から介入期，介入期からベースライン期という条件の変更が3回あり，条件の変更に伴ってベースライン期では発言回数が少なく，介入期では発言回数が多いことが確認できる。したがって，予想外の変数が従属変数に影響している可能性は極めて低く，独立変数と従属変数には機能的関係があると考えられる。

　ABABデザインは独立変数と従属変数の機能的関係を示すのに適した方法であるが，以下の2点の問題がある。1つめは1回めの介入で改善した行動を2回めのベースライン期でもとに戻してしまう点である。これはABAデザインと同様に倫理的な問題となりうる。2つめは2回めのベースライン期でもとに戻らない行動には適用できないという点である。たとえば，九九などは一度覚えてしまうとほとんどの人は忘れることがないため，2回めのベースライン期に成績が悪くなるということは考えにくい。

3　多層ベースラインデザイン

　多層ベースラインデザインは，ベースライン期と介入期の手続きをベースライン期をずらして複数行なう方法である。複数の対象者について同じ行動のデータを収集する**対象者間多層ベースラインデザイン**（図7-15），同じ対象

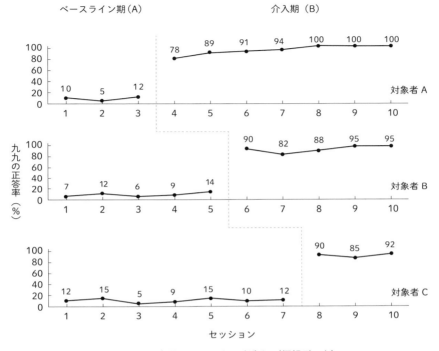

図7-15 多層ベースラインデザイン(仮想データ)

者について複数の行動のデータを収集する**行動間多層ベースラインデザイン**,同じ対象者について複数の場面における行動のデータを収集する**場面間多層ベースラインデザイン**がある。

多層ベースラインデザインの特徴はベースライン期が終了する時期がずれていることである。こうすることによって,条件変更の機会を増やすことができる。図7-15では対象者ごとに異なる時期でベースライン期から介入期に条件が変更されておりABABデザインと同じ3回の条件変更が実施されている。条件の変更に伴い行動に変化が見られることから,独立変数と従属変数に機能的関係があると考えられる。また,多層ベースラインデザインはベースライン期と介入期が1回ずつでも実施可能であるため,ABABデザインでは扱うことが難しいもとに戻らない行動にも適用することができる。

第7章 観察データのグラフ作成と変化の判定　　105

4　一事例実験デザインをさらに学ぶために

本章では紙幅の都合上紹介することができないが，一事例実験デザインには他にも条件交代デザインや基準変更デザインなどさまざまな実験デザインがある。さらに一事例実験デザインについて学びたい場合は，バーローとハーセン（Barlow & Hersen, 1988）などが参考となる。

また，一事例実験デザインは観察対象となった対象者の行動が介入によって変化したということを示すことができるが，その結果を他の対象者に適用したり一般化したりすることはできない。特に介入研究の場合は，ある問題を抱えた対象者に対して一般的にどのような治療や介入が有効かを検討する際に**ランダム化比較試験**（randomized controlled trial：RCT）によって検証を行なう必要がある（原田, 2015）。

4 節　視覚的分析の限界

一事例実験デザインにおいては独立変数と従属変数の機能的関係を検討する際に視覚的分析を用いる。しかし，視覚的分析は人によって分析結果が異なるという信頼性の問題が存在するのではないかと議論が行なわれてきた。たとえば，オッテンバッハ（Ottenbacher, 1993）は 14 件の一事例実験デザインを用いた研究について独立変数と従属変数の機能的関係を評定したメタアナリシスにおいて，評定者間一致率は .58 であったことを報告している。このメタアナリシスでは評定者の専門性の高さによって評定者間一致率が異なるかという点についても検討がなされているが，専門性による差はないことを示唆するデータが得られている。一方，カーンら（Kahng et al., 2010）は，'*Journal of Applied Behavior Analysis*'（米国の応用行動分析に関する学術雑誌）で論文の審査を行なっている編集委員 45 名に ABAB デザインのグラフを 36 図見せて独立変数と従属変数の機能的関係を評定させた。その結果，評定者間一致率は .89 であった。前述のとおり，評定者の専門性と評定者間一致率の関係については結論が一貫していないものの，評定者間一致率を高めるためには視覚的分析に関する十分なトレーニングを受けることが望ましいといえる。

しかし**クラトックウィル**ら（Kratochwill, Levin, Horner, & Swoboda, 2014）は，視覚的分析の信頼性の問題はまだ解決されていないと指摘し，視覚的分析によって明らかに機能的関係が認められないというケース以外は，**効果量**の算出をすることを推奨している（第8章参照）。

第8章

一事例実験デザインを用いた観察データの統計解析

　第7章で述べられているように，一事例実験デザインにおいて観察データの変化の判定をする際には，観察データをグラフ化したうえで視覚的分析を行なうことが基本とされてきた。観察データをグラフで適切に記述し，そのグラフを見た誰もが一致して変化の有無を判断できることが理想的であり，観察法を用いる際にはそのようなデータが得られるよう目指すべきである。しかしながら，これも第7章で指摘されているとおり，実際の観察データについて視覚的分析を行なうと，特にトレーニングを十分に受けていない評定者の判断はしばしば食い違うことが知られている。

　本章では，主に一事例実験デザインを用いた観察データにおいて，変化の判定に役立つ統計的検定について解説する。本章で紹介する統計的検定は視覚的分析に取って代わるわけではなく，あくまでも視覚的分析を補完する目的で用いられるものである。これらの検定法を用いることで，視覚的分析を行なう際の評価者による判定のばらつきを最小限に抑えることができる。

1節　視覚的分析の落とし穴

　図 8-1 に注目してほしい。これは不登校ぎみで授業への出席を渋りがちな小学生に，心理学的支援を実施した際の出席状況の変化を想定した仮想データをグラフ化したものである。支援を始める前の段階（ベースライン期）において対象児の授業出席状況を観察し，1週間あたりで参加している授業の数をカウントした。対象児の学級で1週間に行なわれている授業の数は毎週 30 回ほどあるが，対象児はほとんど授業に出席できていないことがわかる。この対象児に心理学的支援を実施して，支援が行なわれた期間（介入期）のデータについても同じようにカウントしている。心理学的支援によって対象児の授業出席数は増えたと言えそうだろうか。図 8-1 のグラフを見るかぎり，授業出席数はほぼ横ばいか，増えているとしてもわずかであるように見える。

　次に図 8-2 に目を向けてほしい。実はこのデータは先ほど見た図 8-1 のグラフとまったく同じデータである。図 8-2 にはデータポイントのところに実測値も書かれているので，図 8-1 と見比べると同じであることが確認できる。ただし，グラフの縦軸の目盛幅が変更されている。図 8-2 を見ると，図 8-1 を見たときよりも対象児の授業出席数は増えたという印象を強く受けるかもしれない。

　第 7 章で説明されたグラフの作成方法を覚えている読者は，「これはグラフ

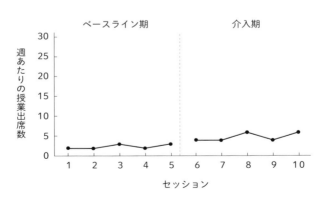

図 8-1　授業出席行動への介入の観察データ①

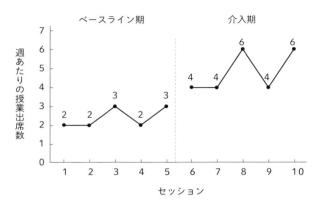

図 8-2　授業出席行動への介入の観察データ②

のトリックだ！」と気づくことだろう。グラフの作成者はさまざまなやり方で，グラフから受ける印象を操作することができる。縦軸の目盛幅を変更するのはその典型例である。言うまでもなく，グラフの作成方法によって視覚的分析の結論が左右されることは大きな問題である。

　この問題を防ぐためには，グラフの作成方法をあらかじめ取り決めておくことが有効である。たとえば，第 7 章では「縦軸は上限値と下限値を表示する」と書かれている。これはグラフの標準的な作成方法の一つであり，データがとりうる上限と下限の値を縦軸の範囲とすることをあらかじめ取り決めることで，データ作成者による恣意的な（もしくは意図しない）印象操作を防ぐことができる。こうしたグラフの標準的な作成方法について知識を得ておくことは必須である。

　ここで図 8-1 と図 8-2 にもう一度目を移してもらいたい。対象児の学級で 1 週間あたりに行なわれている授業は 30 回ほどであり，図 8-1 のグラフの縦軸は週あたり授業出席数の上限値と下限値に基づいて作成されている。この点では図 8-1 の縦軸は正しく作成されているといえる。しかし図 8-1 を見ると授業出席数は横ばいのようにも見えるが，この理解は正しいと考えてよいのだろうか。一方で図 8-2 を見たときには対象児の授業出席数が増えているように見えるが，この理解は間違っていると判断してよいのだろうか。

このようなグラフの視覚的分析には，それなりに熟練を要する。たとえば，実際のデータを詳しく見ると，対象児の週あたり授業出席数はベースライン期で2〜3回，介入期で4〜6回であり，倍増していることがわかる。もともと授業出席数が非常に少なかった不登校ぎみの対象児にとって，出席できる授業の回数が倍に増えるということは大きな変化である。このようにデータの形状だけでなく，データのもつ実質的な意味について検証することは，観察データの視覚的分析において重要な視点である。

　もう一つの重要な視点として，「このようなデータの変動はたまたま起こりうるのか，それとも偶然ではなく統計的に意味のある変動といえるのか」という点を，統計的検定を使って検証する考え方がある。特に初学の評定者では視覚的分析の結論にばらつきが出やすいことが知られており，統計的検定によってデータの解釈の誤りを最小限に抑えることには意義がある。

2節　一事例実験デザインの特徴をふまえた統計的検定

　最もシンプルな AB デザインを例にとって考えてみたい。AB デザインにおいて，2つのフェイズ（たとえば，ベースライン期と介入期）の間に統計的に意味のある差（＝有意差）があるかどうかを知ろうと思ったら，どのような検定法を使えばよいだろうか。心理学のデータ解析の基礎を学んだ読者であれば，「ベースライン期と介入期の平均値の差を t 検定や分散分析を使って検定すればよい」と考えるかもしれない。確かに t 検定や分散分析は平均値の差を比較する際に用いられる一般的な検定法であるが，一事例実験デザインに適用すると結果が歪みやすい（Barlow & Hersen, 1984）。

　一事例実験デザインのほとんどは，同じ対象者から何回も繰り返してデータを得ている。こうしたタイプのデータには「自己相関」と呼ばれる特徴をもち，前のデータが後のデータに影響を与える性質があることが知られている。自己相関のあるデータを t 検定や分散分析で検定しようとすると結果は大きく歪んでしまい，結果をそのまま解釈することが難しくなる（一事例実験デザインのような時系列データにおけるこのような問題は，「系列依存性の問題」などと

表 8-1 一事例実験デザインのための統計的検定の手法 (Parker et al., 2014 より作成)

検定法	視覚的分析との整合	手計算のしやすさ	解釈のしやすさ	データポイントの少なさへの対応	統計的知識が不要	トレンドの問題への対応	精度の高さ
ECL (White & Haring, 1980)	◎	○	×	○	○	◎	×
PEM (Ma, 2006)	◎	◎	◎	◎	○	×	×
NAP (Parker & Vannest, 2009)	◎	○	◎	◎	○	×	◎
Tau-U (Parker et al., 2011)	◎	×	◎	◎	△	◎	◎

ECL：Extended Celeration Line, PEM：Percent of Phase B Data Exceeding the Phase A Median, NAP：Non-Overlap of All Pairs

呼ばれる)。

　一事例実験デザインによって得られた観察データを解析するためには，上記のような特徴に対処することのできる統計的検定を用いる必要がある。これまでにさまざまな統計的検定の手法が開発されており，それぞれに長所と短所をもつ (Parker, Vannest, & Davis, 2014)。一事例実験デザインのための主要な検定法を表 8-1 に示す。

3 節　Tau-U を用いた検定法

　本章では表 8-1 に示した検定法の中から，代表的なものとして**パーカー**ら (Parker, Vannest, Davis, & Sauber, 2011) の **Tau-U** を用いた解析法を紹介する。Tau-U は一事例実験デザインのための統計的検定の手法としては比較的新しいものである。Tau-U はさまざまな利点があり，視覚的分析との整合，解釈のしやすさ，データポイントの少なさへの対応，**トレンドの問題**（後述する）への対応，精度の高さについては他の検定法と比較しても優秀な部類に入る。欠点としては手計算がしにくいことと，一定の統計的知識が必要となる

ことであるが，これらの欠点を補うことのできる統計アプリケーションがすでに開発され（Vannest, Parker, & Gonen, 2011），Web サイト上（http://www.singlecaseresearch.org/calculators/tau-u）において無料で使用することができる（図 8-3）。Tau-U の欠点はほぼ克服されているといってよい。

Tau-U は順序尺度の統計手法を応用した検定法であり，「ケンドールの順位相関係数（タウ）」と「マンホイットニーの U 検定」が名前の由来である。Tau-U では一事例実験デザインによって得られた 2 つの異なるフェイズの間のデータの重なりに注目して，個々のデータの大小関係をもとにフェイズ間に統計的に有意な差が認められるかどうか検定することができる。Tau-U の具体的な計算手順については，パーカーら（Parker et al., 2014）に詳しい。

実際に図 8-1 に示されたデータを Tau-U を用いて分析してみよう。ベース

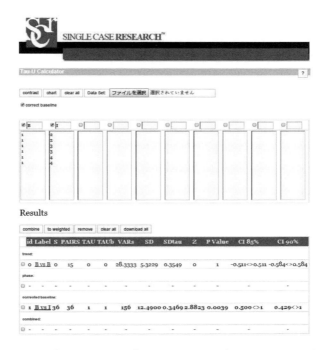

図 8-3　ヴァネストらのアプリケーション画面（Vannest et al., 2011）

ライン期と介入期の差について分析すると Tau = 1.00, p = .009 であり，1％水準で有意であることが示された。まずここで，Tau が正の値を示していることに注目してほしい。Tau の値が正であるということは，前のフェイズ（すなわちベースライン期）のデータに比べて，後のフェイズ（すなわち介入期）のデータのほうが増加していることを意味する（もし反対に Tau が負の値であったら，前のフェイズに比べて後のフェイズのほうが減少していることになる）。有意性検定において1％水準で有意であるということは，このようなデータの増加がたまたま起こる確率は1％に満たないので，統計的に見ても意味のある（＝有意な）差であると判断できる。したがって，図 8-1 のデータであれば，対象児の授業出席数はベースライン期に比べて介入期のほうが統計的に有意に増加していると言うことができる。

　当然のことながら，Tau-U を用いた検定の結果は視覚的分析とは違い，グラフの縦軸の目盛幅によって影響を受けることはない。視覚的分析に加えて Tau-U を用いた統計的検定を行なうことで，データのより正確な読み取りが可能になる。

4 節　トレンドの問題への対応

　一事例実験デザインの統計的解析においてもう一つ注意しなければならないのが，トレンドの問題である。トレンドの問題は図 8-4 〜 図 8-6 を見比べると理解しやすい。図 8-4 〜 図 8-6 は他児へのかかわり行動を促進することを目指した，心理学的支援の効果研究を想定した仮想データである。

　トレンドとはフェイズ内におけるデータの傾きのことである。図 8-4 はベースライン期にトレンドがない例であり，ベースライン期のデータは横ばいになっている。図 8-5 ではベースライン期に正のトレンドがある。ベースライン期の間にデータは右肩上がりで増加しているように見える。図 8-6 はベースライン期に負のトレンドがある。ベースライン期の間にデータは右肩下がりで減少していることがわかる。

　図 8-4 〜 図 8-6 のベースライン期のデータは，平均値をとればすべて同じ 1.00

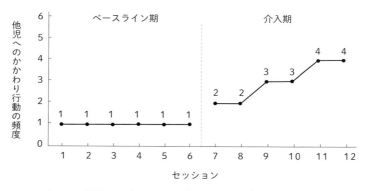

図 8-4　ベースライン期にトレンドがないグラフ

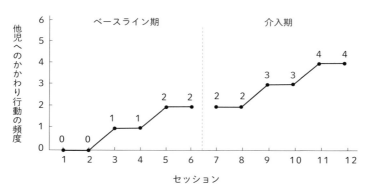

図 8-5　ベースライン期に正のトレンドがあるグラフ

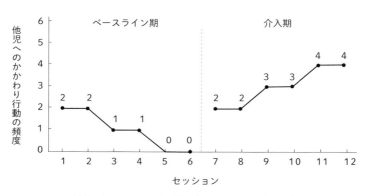

図 8-6　ベースライン期に負のトレンドがあるグラフ

で変わりはないが，データが実際に意味するところは大きく変わってくる。まず図 8-5 を見てほしいが，図 8-5 ではベースライン期の時点でデータが増加するトレンドがもともと存在しており，介入期でもその増加が継続しただけであるように見える。これは図 8-4 のようにベースライン期にトレンドがなかったデータが，介入期に入ってから増加することとは意味が異なってくる。さらに，図 8-6 のようにベースライン期において減少のトレンドがあったにもかかわらず，介入期で一転して増加したのであれば，やはりデータの解釈は異なってくることになる。

　Tau-U では，このようにベースライン期にトレンドがあるデータを解析する場合に，ベースライン期のトレンドを統計的に調整することが可能である。先に紹介したヴァネストら（Vannest et al., 2011）のアプリケーションを使用すれば，ごく簡単な操作でベースライン期のトレンドを調整できる。

　たとえば，図 8-5 のデータを通常の Tau-U を用いて検定した場合は Tau = 0.89, p = .010 であり，5％水準で有意（ほぼ 1 ％水準で有意）という結果が得られる。これをそのまま解釈すると，対象児から他児へのかかわり行動はベースライン期に比べて介入期において有意に増加していることになる。しかしながら，ベースライン期のトレンドを調整したうえで検定を実行すると Tau = 0.56, p = .109 となり，統計的に有意な差は認められない。すなわち，対象児から他児へのかかわり行動は，ベースライン期における増加のトレンドがそのまま介入期でも継続していると判断することが可能である。

　図 8-6 のデータについても同じように検定してみよう。通常の Tau-U を用いた場合には Tau = 0.89, p = .010 であり，対象児から他児へのかかわり行動はベースライン期に比べて介入期のほうが有意に増加していることが示される。一方で，ベースライン期のトレンドを調整した検定を行なった場合は Tau = 1.22, p < .001 となり，統計的に有意なままである。したがって，対象児から他児へのかかわり行動は，ベースライン期よりも介入期のほうが多くなっていることがわかる。

　なお，図 8-4 のようにベースライン期にトレンドがまったくない場合は，ベースライン期のトレンドを調整してもしなくても検定結果は変わらない（いずれも Tau = 1.00, p = .004）。

5節　一事例実験デザインのメタアナリシス

　Tau-Uにおいて算出されるTauの値は，標準化された効果量（effect size）としての側面ももつ。すなわち，Tauの値が0の場合には2つのフェイズの間にまったく違いがなく，Tauの絶対値が大きければ大きいほど2つのフェイズの間の差は大きいことを意味する。加えて，異なる研究間で得られたTauの値の大きさは比較することができる。自分の研究でTauの値を算出し，先行研究のTauの値と比較すれば，自分の研究で示された2つのフェイズの差が先行研究と比べて大きいのか小さいのか評価することも可能である。

　Tauのこのような性質を応用すると，複数の研究のデータを統合して1つの結論を導く**メタアナリシス**を行なうことができる。たとえば，不登校児に対して特定の心理療法を実施した一事例実験デザインによる研究が複数あり，「効果あり」とする研究と「効果なし」とする研究が混在していた場合に，メタアナリシスを実施してすべてのデータを統合すれば1つの結論を得ることが可能である。Tau-Uを応用したメタアナリシスの実際についてはパーカー（Parker et al., 2014）に詳しい。

6節　まとめ

　Tau-Uに代表される一事例実験デザインのための統計的検定は，視覚的分析において問題とされていた解釈のばらつきを最小限に抑えるうえで有効である。しかしながら，統計的検定を行なえば視覚的分析が不要になるわけではない。視覚的分析は一事例実験デザインによって得られた観察データの解釈の大原則であり，こうしたデータを扱ううえで視覚的分析に習熟することは必須のスキルである。

　その一方で，統計的検定が視覚的分析におけるヒューマンエラーを減らすことに貢献することも事実である。視覚的分析に習熟した研究者であっても，Tau-Uなどの検定法を論文中に記載することは有用であるといえる。

グループデザインを用いた観察データの統計解析

　前章で見てきたように，一事例の実験デザインでは，特定の対象者の行動遂行のパターンや，対象者への介入がどのように作用するかといった研究課題を明らかにするために有効な手段であり，臨床研究を中心に多くの成果をもたらしてきた。その一方で，私たちが興味をもって行なう研究の中には，たとえば「学校の休憩時間に，A小学校の6年生のBさんは，同じ小学校の1年生のCさんよりも友だちと会話をして過ごす時間が長い」といった特定の対象者の行動特徴ではなく，「学校の休憩時間に，小学6年生の児童は小学1年生の児童よりも友だちと会話をして過ごす時間が長い」などの，より大きな集団の一般的な性質や規則性を明らかにしたいという目的で行なわれるものも多い。

　本章では，グループデザインによる観察データの統計解析について，ごく基本的な考え方といくつかの解析方法について概観することにしよう。

1節　はじめに：グループデザインによる観察研究

　行動観察によって集団の性質や規則性を明らかにしようとするとき，当然のことながら，観察の対象者の行動はほとんどの場合で個人差が大きく，同じ状況でも人によって行動傾向が異なったり，同じ人でも状況が変われば行動のとり方が変わったりする。そのため，ある少数の対象者の行動観察から研究仮説と一致した結果が得られたからといって，想定する集団全体が同様の行動傾向を示すと結論づけることはできない。得られたデータが偶然に仮説と一致した可能性を否定できないのである。そのため，できるだけ多くのデータを収集し，グループや状況間でどのような違いや関連が見られるかを調べる必要が出てくる。さらに，得られたデータが偶然に偏っていたのか，あるいは事実として集団全体に研究仮説と一致した性質や規則性があるのかを見きわめるにはどうしたらよいだろうか。個人の主観的な判断によって検討を進めれば，おそらく人によって異なる判断がばらばらになされ，誰もが納得する結論を得ることは難しいであろう。

　このような問題に応えるために，複数のサンプルを対象にした**グループデザイン**による観察データに対して目的に即した統計的な解析を行ない，研究仮説の真偽を明らかにするという手法がとられる。これにより，膨大なデータの中から一般化できる知識を得ることができると考えられている。次節からは，基本的なグループデザインによる観察データの統計解析について見ていくことにしよう。

2節　データの整理と記述統計

　集めた観察データには，観察シートに記録されたものや，ノートに書きなぐった記述データ，音声データなどさまざまな形態のものがあるだろう。観察データを集めたら，まずは個々のデータをよく見て欠損値や外れ値など気になるものはないか確認しながら整理をする。後のいろいろなデータの処理のことを考

えると，Excel 等の表計算ソフトに入力しておくと便利である。

収集したデータを整理したら，次に，データの代表値やばらつきの大きさ（散布度）などを算出したり，グラフや散布図などの視覚的にわかるかたちとして表わしたりして情報を集約し，個々のデータが全体としてどのような傾向や特徴をもつのかを把握する。データの特徴を表わす指標としては，**代表値**と**散布度**が用いられることが多い。代表値とは，データの中で最も典型的な値を示すものであり，一般に**平均値**や**中央値**が用いられる。散布度とは，データの散らばりの程度を表わす値のことであり，**分散**や**標準偏差**が用いられることが多い。それぞれについての概要を見てみよう。

平均値は，データの代表値として最も一般的に用いられる指標であり，あるいは M と表記される。平均値は，個々のデータの値をすべて足し，その値をデータ数によって除することで算出される。たとえば，出席番号 1 番から 9 番までの児童を観察し，授業中の挙手の回数を調べたとする。その際の仮想のデータを表 9-1 に示した。この例では，データをすべて合計すると 54 となり，この値をデータの数 9 で除すことで平均値 6 が算出される。つまり，観察対象となった 9 名は，授業中に平均 6 回の挙手をしたということになる。

表 9-1　平均値と分散，標準偏差の例

児童	授業中の挙手の回数	$(x_i - \overline{X})$	$(x_i - \overline{X})^2$
1	5	-1	1
2	2	-4	16
3	1	-5	25
4	6	0	0
5	4	-2	4
6	2	-4	16
7	26	20	400
8	3	-3	9
9	5	-1	1
$N = 9$	$\Sigma = 54$		$\Sigma = 472$
	$\overline{X} = 6$		$s^2 = 59$
			$SD = 7.68$

中央値（Median）は，平均値とならんでよく用いられる代表値である。中央値は，データの値が最も低いものから高いものまでを順に並べたときに，全体のちょうど中央に位置する値である。表9-1では，個々のデータを1, 2, 2, 3, 4, 5, 5, 6, 26 と順に並べ，その真中に位置する4が中央値となる。なお，データの個数が偶数である場合は，中央に位置する値は2つになる。このような場合は，中央に位置する2つの値の平均を算出して中央値を求める方法がある。

　中央値は，少数の極端な値が平均値に影響しているときに，代わりの代表値として用いられることがある。つまり，外れ値の影響を受けにくいという特徴があるといえる。表9-1のデータでは平均値は6であるが，実際には授業中に6回以上挙手をした児童は2名しかいない。これは，ある1人の頻繁に挙手をした児童のデータによって平均値が多い方向に引っ張られていることを表わしており，このような場合には平均値は代表的な値とは言いがたい。したがって，データの中に外れ値がありその影響を考慮する場合には，中央値のほうが平均値よりもより代表的な値を表わしているといえる。このように，代表値を用いてデータの特徴を調べるためには，得られたデータを吟味し，その内容に適した代表値を採用したり，複数の代表値を検討したりすることが重要である。

　次に，データの分布の広がりの程度を示す散布度について見てみたい。集めたデータの特徴を理解するうえでは，代表値だけでなく散布度を合わせて検討する必要がある。たとえば，5名の幼児を対象に2つの異なる状況下で行動観察を行ない，ある行動特徴について状況A{5, 3, 3, 5, 4}と状況B{2, 10, 5, 1, 2}のデータが得られたとする。どちらの平均値も4であるが，データの散らばり具合は明らかに異なっているため，同じ性質のデータとはいえない。この例では，幼児の行動特徴は状況AよりもBにおいて個人差が比較的大きいという情報が得られる。このようなことから，代表値だけではわからなかった重要な情報が散布度によって得られるのである。散布度として一般的な測度は，分散（s^2）と標準偏差（standard deviation：SD）である。いずれも平均値を代表値とした場合に用いられ，個々のデータが平均値から離れている程度を示している。表9-1には分散および標準偏差の算出手続き全体を示している。

　分散は，個々の測定値と平均値の差（偏差）をそれぞれ二乗してすべて足し（平方和），データの個数から1を減じたもの（N-1）で除することで算出され

る。この計算方法により，収集したデータから，対象となったサンプルが属する母集団の分散を推定することができる。

ただし研究目的によっては，サンプルから得られたデータそのものの分散を調べたいことがあるかもしれない。この場合には，収集したデータの偏差の平方和をデータの個数（N）で除することでサンプルの分散（標本分散）を算出する。

計算方法を見ると，各データが平均値から離れているほど分散の値は大きくなり，散らばりの程度を表わしていることがわかるだろう。反対に，分散が小さいということは，データが平均値の近くに集まっていることを示している。しかし，分散は偏差を2乗した値を用いているため，もとの単位と異なるものになっている。このため，分散の正の平方根をとった標準偏差を用いて散布度の大きさを表わすことが多い。先ほどの幼児の例でみると，状況Aでは分散1.00, 標準偏差1.00となり，状況Bでは分散13.5, 標準偏差3.67となる。したがって，状況Aにおいて代表的なデータは平均値4のまわり1.00の幅に散らばっており，4 ± 1.00と表わすことができる。同様に，状況Bでは代表的なデータは4 ± 3.67である。このように，平均値と標準偏差を合わせて検討することで，集めたデータの特徴の多くを示すことができるのである。

ここまで，収集したデータから代表値や散布度などを用いて，データの特徴をどのように検討するかについて見てきた。これらは記述統計といい，統計解析の基礎となるものである。次に，観察で得られたデータをもとにより大きな集団（母集団）についての一般的な推論を行なう，**推測統計**について見てみよう。推測統計には，統計的推定と統計的検定が含まれるが，次節では心理学的研究において頻繁に用いられる統計的検定の基本的事項を取り上げることとする。

3節　推測統計と仮説の有意性

苦労をして集めた観察データについて整理し，記述統計の吟味によりデータの特徴や性質がわかってきたら，次からは研究仮説の真偽について統計的検定

> ①調べたい事柄について"差がない"という帰無仮説と，"差がある"という（研究者が主張したい）対立仮説を立てる。
> ②上記の仮説について調べるために，どのような統計量の分布について検討すればよいかを考える。
> ③有意水準（危険率）を設定する。心理学では5％もしくは1％に設定することが多い。ただし，これは便宜的に定めた基準にすぎず，研究の目的などによっては10％もしくは0.1％等に設定することもある。
> ④実際に実験や調査を行ない，データを収集する（母集団から標本を抽出する）。
> ⑤帰無仮説のもとで，②で選択した統計量が実験や調査で得られた値以上に対立仮説と合致する値をとる確率を求める。
> ⑥その確率があらかじめ設定した有意水準（たとえば5％）より大きければ，帰無仮説を棄却せず"有意差はない"という判断を下す。逆に，有意水準よりも小さければ，帰無仮説を棄却し，対立仮説を採択する。すなわち"有意差がある"という判断を下す。

図9-1 統計的検定の基本的な手順（森・吉田, 1990, p.46-47 より作成）

によって検証する段階である。記述統計だけでは多くの観察研究の研究仮説を検証することはできない。私たちが行なう研究において，「AとBは性質が異なる」や「XとYとの間には関係がある」などの研究仮説に対するなんらかの結論を下すために推測統計が用いられる。観察によって得られたデータは，より大きな集団である母集団から取り出されたサンプルである。このサンプルに認められる特徴をもとにして，母集団に関する推論を行なうことが推測統計の目指すところである。

　統計的検定では，統計的手法に基づいて条件間には"差がない"という帰無仮説を確率的に棄却することで，"差がある"という対立仮説を採択するという論理に従い結論を下す。図9-1に統計的検定の基本的手順を示す。①〜③までが研究計画の立案を含む準備段階，④は実際にデータ収集を行なう段階，⑤⑥がデータの分析の段階といえる。

　それでは，ここからは具体的にどのような統計的検定の方法があるか，代表的なものについて見てみよう。

1 差があるかどうかを調べる統計解析

(1) t 検定

児童の授業中の挙手回数を1年生と6年生の2つのグループ間で比較し,「児童は学年が進むにつれて挙手する回数が多くなる」という研究仮説を検証する場合を考えてみよう。**t 検定**は,このような2つのグループ間の平均値に意味のある差があるか否かを調べる方法である。図9-2に仮想の観察データをまとめたものを示した。そして,統計量の t 値を求める公式に基づいて算出したところ $t = 2.23$ となった。有意水準を5％と設定した場合,この t 値から,"グループ間に差がない"という帰無仮説のもとでは,この観察結果は有意水準以下の非常に低い確率でしか起こりえないことが示された。このような場合に,2群間の平均値に"差がない"という**帰無仮説**そのものが誤っていたと考えてそれを棄却し,"差がある"という**対立仮説**を採択する。以上の手順を経て「1年生と6年生の挙手回数には有意な差が見られ,6年生は1年生よりも多く授業中に挙手をしている」と結論づけることができる。反対に,t 検定の結果が有意水準を超えるものであった場合には,帰無仮説を採択し,「1年生と6年生の挙手回数の間に有意な差は認められなかった」と記述する。

	1年生	6年生
人数	32 (A)	30 (B)
平均値	3.02 (C)	4.56 (D)
標準偏差	2.04 (E)	3.22 (F)

$$t = \frac{|C-D|}{\sqrt{\frac{A \times E^2 + B \times F^2}{A + B - 2}\left(\frac{1}{A} + \frac{1}{B}\right)}}$$

$$= \frac{|3.02 - 4.56|}{\sqrt{\frac{32 \times 2.04^2 + 30 \times 3.22^2}{32 + 30 - 2}\left(\frac{1}{32} + \frac{1}{30}\right)}}$$

図9-2 平均値の差の t 検定の例

(2) 分散分析

t 検定では2つのグループの平均値を比較したが,3つ以上のグループの比較に用いられる方法が**分散分析**である。たとえば,先ほどの授業中の挙手回数の観察の例で,対象児童を1年生と6年生に加えて4年生についても調べて,

これらの3つのグループ間で挙手回数の平均値に違いがあるかどうかを検証する場合が考えられる。

　分散分析は、得られたデータの全体としての変動から、調べたい要因（たとえば、学年）によってもたらされた変動とさまざまな誤差（測定誤差や個人差など）によって生じた変動とを分解することにより、調べたい要因の効果を検討する方法である。誤差による変動に対して調べたい要因による変動が大きければ、それだけ調べたい要因で分けた条件間の差が大きいことを意味する。検定では、要因による変動を誤差による変動で除してF値を求め、t検定と同様にその有意性を分析する。

　分散分析を行なうことで、調べたい要因の効果による平均値の差があるかどうかを検定することができる。先ほどの例を使えば、学年という要因によって挙手回数に統計的に有意な差が見られるかどうかを明らかにすることができる。仮想のデータとして、1年生の児童の平均挙手回数が3回、4年生の平均挙手回数が4回、6年生の平均挙手回数が7回だったとして、このデータの分散分析の結果が有意であった場合、「小学生の授業中における挙手の回数は、学年によって有意な差がある」と記述できる。ここで、結果の解釈を行なう際の留意点として、分散分析の結果でグループ間に有意な差があることがわかったとしても、どの群とどの群の間に差があるかということまではわからないことがあげられる。先の例でいえば、分散分析の結果が有意であったということは、学年間のどこかに挙手回数の平均値の差があることを示しており、1年生と4年生の間に差があるのか、6年生との間に差があるのかといった情報は得られない。そのため、多重比較と呼ばれるさらなる下位検定を行ない、どの条件間に差があるかを具体的に調べていくことになる。

　分散分析では、2つ以上の要因によって生じる平均値の差についても調べることができる。たとえば、先ほどまでは授業中の挙手回数が学年という1つの要因によって違うかどうかを検討してきたが、これに加えて性別などの別の要因を加えた分析ができるのである。このようなケースで分散分析を行なった場合、学年の効果と性別の効果をそれぞれ明らかにすることができるだけでなく、学年と性別の交互作用を明らかにすることができる。交互作用とは、一方の要因の条件によって他方の要因の効果が異なることを指し、たとえば「男子では

1年生より6年生のほうが平均挙手回数が多いが,女子では反対に1年生のほうが6年生よりも平均挙手回数が多い」といった場合である。

以上,分散分析についての基本的な考え方について見てきたが,分析に用いられる数式や多重比較などの詳細については山田・村井(2004)を参照されたい。

2　効果量の検討

これまで見てきたことは,平均値の差があるかどうかを確率的に吟味する方法であった。解析によって示された「有意な差」というのは,偶然に起こったとは考えにくい差がグループ間にあったということを表わしている。しかし,この解析結果はグループ間に差があることを示したとしても,その差がどれくらいのものであるかといった違いの程度,いわば条件の効果の大きさについては何も教えてくれない。特に,有意水準はサンプル数に大きく影響を受けることがわかっている。これらのことから,データの解析において条件間の差が有意であるかどうかということにのみ注目することは,効果の大きさといった他の重要な情報を逃すことにつながる。そこで,データの差を吟味する際には,統計的な有意性の検定だけでなく,**効果量（effect size：ES）**の検討も重視されている。効果量とは,条件間の平均値の差の大きさについて判断する際に用いられる値である。たとえば,2つの平均値の差についての効果量は,2つの条件間の平均値の差を2つの条件の標準偏差の（各条件におけるデータ数の違いを考慮した）平均値で除すことによって算出することができる。

$$ES = \frac{|\bar{X}_1 - \bar{X}_2|}{\sqrt{\dfrac{n_1 SD_1^2 + n_2 SD_2^2}{n_1 + n_2}}}$$

2つの平均値の差についての効果量の大きさには,一般にコーエン（Cohen, 1992）の基準が頻繁に用いられる。この基準によると,効果量が0.2のときに「小さい効果」,0.5のときに「中程度の効果」,0.8以上のときに「大きな効果」があると解釈される。ここまで見てきた効果量の算出方法は2つの平均値の差について調べるものであるが,3つ以上の平均値の差について調べる際にはη^2（イータ二乗）を算出するなど,分析方法に対応した計算方法を用いる。研究

論文で結果を報告する際には、統計的な有意性だけでなくここで見てきた効果量や、他にも信頼区間なども重要な情報として報告することが求められる。効果量や信頼区間などについては、大久保・岡田（2012）に詳しい。

3 関連を調べるための統計解析

　ここまでは、平均値の差を調べる統計解析の手法について概観してきたが、研究の目的によっては、ある変数と別の変数との間にどのような関係があるのかといった、変数間の関連を明らかにしたいこともあるかもしれない。以下では、変数間の関連を調べるための統計手法として頻繁に用いられる相関分析とχ^2検定に焦点を当てる。

(1) 相関分析

　幼稚園で幼児が遊んでいるようすを観察する中で「乱暴の子どもほど友だちから孤立する傾向があるのではないか」という仮説が思い浮かんだとしよう。このような場合、複数の子どもの攻撃行動の回数と友だちとの交流がない孤立時間をそれぞれ測り、変数間の関連を調べることで仮説を検証できる。相関分析は、2つの変数間の直線的関係を**相関係数**（r）として計算し、関連の方向性と強さを分析する方法である。2変数間の関連の方向性は、一方の変数が大きいほど他方の変数も大きい傾向にある場合を正の相関関係があるといい、反対に一方の変数が大きいほど他方の変数が小さい傾向にある場合を負の相関関係があるという。相関関係の強さは、相関係数の値によって表わされる。相関係数は、-1から1までの値をとり、完全な正の相関関係があるときに1になる。完全な負の相関関係のときには-1になり、2変数間に直線関係がまったく見られない無関係のときには0となる（図9-3を参照）。相関関係の強さに明確な基準はないが一般には、

　　$0.0 \leq |r| \leq 0.2 \Rightarrow$ ほとんど相関なし
　　$0.2 < |r| \leq 0.4 \Rightarrow$ 弱い相関あり
　　$0.4 < |r| \leq 0.7 \Rightarrow$ 比較的強い相関あり
　　$0.7 < |r| \leq 1.0 \Rightarrow$ 強い相関あり

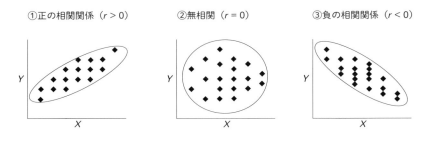

図 9-3　相関関係と散布図の例

などとされる（森・吉田，1990）。

　相関係数も他の推測統計と同様に，統計的に有意な相関関係があることを示すためには検定を用いる。ここでも効果量の項で見てきたように，相関関係の統計的な有意性は，直線的関係の有無に関する情報を教えてくれるものであり，関係の強さに関する情報は含まれていないことに留意する必要がある。

　相関関係の意味や相関係数の解釈については上記のとおりであるが，もう一つ解釈について注意すべき点がある。それは，相関関係が見られたからといって，その変数間に因果関係があることを意味しているわけではないということである。先の例を用いれば，幼児の攻撃行動の頻度と仲間からの孤立時間に有意な正の相関関係が見られたとしても，その解釈として「幼児の攻撃行動が原因で，仲間から孤立することが増えてしまう」といった解釈はできない。仲間から孤立する場合には他の変数（たとえば，人気度）が直接的に影響していることも考えられるし，仲間から孤立しているために，注意を引こうとして攻撃行動を多く示す可能性も考えられる。つまり，第三の変数の存在や影響の方向が逆である可能性は排除できないのである。相関関係と因果関係を混同しないようにデータの分析を進めていく必要がある。

(2) χ^2（カイ二乗）検定

　ここまでは，量的な変数の分析について見てきた。しかし，たとえば児童の性別によって休憩時間に遊ぶ場所（屋内・屋外）が異なるかどうかといった，質的変数間の関係を明らかにすることを研究目的にする場合もあるだろう。こ

	屋内	屋外	計
男児	8 (A)	52 (B)	60
女児	29 (C)	31 (D)	60
計	37	83	120 (N)

$\chi^2 = 17.23$
$df = (2-1) \times (2-1) = 1$
$\chi^2_{0.01} = 6.63$ より帰無仮説を棄却

図 9-4　χ^2 検定の例

のような質的変数の関係を調べる統計的手法の一つに χ^2 検定がある。先の例をもとに仮想の観察データを図 9-4 に示した。もしも，性別と遊ぶ場所になんの関連もないとすれば，各セルに入るデータの期待値はいずれも 30 になるはずである。χ^2 検定では，実際に得られたデータ（観測値）と期待値のズレの大きさによって検定を行ない，その統計的な有意性を調べる。この例では，検定の結果は有意であり，「男子のほうが女子よりも屋外で遊ぶ比率が大きい」と結論づけることができる。

　ところで，χ^2 検定は質的な変数の分析に適した方法であり，母集団におけるデータの分布に関する前提条件を一切置かないノンパラメトリック検定に分類される統計手法である。データに関する前提条件には，分布が正規分布に従うことやグループ間の分散が等質であることなどが含まれる。このような前提条件を満たすデータの場合には，t 検定や分散分析等のパラメトリック検定が用いられ，精度の高い結果を得ることができる。しかし観察によって得られた行動データの中には，分布が歪んでいる場合や分散がグループ間で異なる場合など，パラメトリック検定を行なうために必要な条件を満たさないこともよくある。そのため，観察研究においては，χ^2 検定に代表されるノンパラメトリック検定も頻繁に用いられる重要な統計手法であるといえる。

4 節　おわりに

　ここまで，グループデザインによる観察研究のデータ分析によく用いられる統計手法について概観してきた。自らの研究で知りたいこととそれに即した

データの収集，そして研究目的と得られたデータに適切な統計解析が行なわれるならば，有益な研究結果を明らかにすることができる可能性が高い。そのためにも，統計解析の基本的な考え方を理解しておくことは重要である。また，心理学的研究の再現可能性にかかわる統計分析の問題について，さまざまな議論が行なわれていることも知っておく必要があるだろう。その中では，統計解析における帰無仮説検定についての問題点が指摘されており，統計革命といわれるほどの大きな変化がすでに始まっていることが示されている。これらについては，本シリーズ第1巻の第7章にベイズ統計学の基本的な考え方，第10章に再現性の問題が，それぞれ言及されているので，そちらを参照されたい。これらを十分にふまえて，観察研究を行ないデータの解析を行なうことで，観察法でなければ明らかにすることができない豊かな情報を手に入れることができるだろう。

第 3 部

観察法による心理学的研究の実例

　第3部では観察法を用いた具体的な心理学的研究の実例を紹介する。第3部で取り上げた研究はすべて実際に行なわれたものであり，主要な指標として観察データが採用されている。その範囲も教育場面での子どもの行動を対象にしたもの，公共の場での道徳的行動を対象にしたもの，専門職の行動を対象にしたもの，スポーツ場面を対象にしたものと幅広い。興味のある研究例があれば，そこで用いられている具体的な観察法について，第1部と第2部を読み返してぜひ復習をしてほしい。

第10章

通常学級における授業準備行動の改善

[事象記録法] [産物記録法] [潜時記録法] [インターバル記録法]
[ABAデザイン] [ABABデザイン] [行動間多層ベースラインデザイン]

　2007年に特別支援教育が始まり，現在では通常学級に発達障害などの傾向があるさまざまな児童生徒が在籍している。そして，特別支援教育が始まった当初に比べ，教師は，多様な子どもたちを含む通常学級を運営しなければならず，そのスキルを身につける必要性が増している。通常学級におけるユニバーサルデザインなど，教師間で学級運営ツールを共有する試みも行なわれはじめている。そのような背景の中で，著者は小学1，2年生の通常学級を対象として**授業準備行動**を身につけさせるいくつかの試みを行なってきた。

　本章では，観察法を用いたそれらの実践について見ていくことにしよう。

実例 1　通級学級において「めあてカード」による目標設定が授業準備行動に及ぼす効果（道城・松見・井上，2004）

1　研究の目的

道城ら（2004）では，小学2年生の**通常学級**において「チャイムが鳴ったらすぐに帰ってきて座る」（以下，**着席行動**とする），「休み時間にはイスを中に入れる」（以下，**片づけ行動**とする），「授業中，後ろを向かない」（以下，**注目行動**とする）といった3つの**標的行動**を対象に，「めあてカード」と題した目標設定の効果を検討した。

2　方法

「めあてカード」を用いた介入は，3つの標的行動をめあて（目標）として記したカードを机の端に貼るといった手続きを用いた。3つの標的行動は，児童らと学級担任との話し合いによりニーズが高いものを選んだ。観察を行なう際には，予備観察をもとにその標的行動の操作的定義が必要となる。着席行動は「チャイムが鳴った5分後に自分の席に座る」「係りやお茶を飲んでいる場合でも5分を超えた場合は含む」など，片づけ行動は「休み時間にイスを自分の机の中に入れる」「机の中とはイスの背が机に接している場合を指す」など，注目行動は「授業中に後ろを向いて前を向くまでを1回とする」「児童の顔が横から約45度以上であれば含む」などの定義を定めた。

観察および記録方法は標的行動によって異なり，着席行動および注目行動は事象記録法（event recording）を用いた。事象記録法は，観察期間中に生じた行動の総頻度数を記録する方法である（たとえば，Alberto & Troutman, 1999 佐久間・谷・大野訳 2004）。着席行動は，操作的定義に基づき，授業後5分後に児童が自分のイスに座っているかを教室の後ろから観察し，座っていない児童について記

教室での観察のようす

録した。注目行動は，授業中に児童が後ろを向いているのべ回数を記録した。

片づけ行動には，産物記録法を用いた。産物記録法は，行動によって生み出される環境の変化あるいは産物を記録する方法である（たとえば，Alberto & Troutman, 1999 佐久間ら訳 2004）。休み時間に児童が遊びに行った後に教室に残されたイスを観察し，イスを机の中に入れていない児童について記録した。いずれにおいても，児童の座席表を用いてチェック印や「正」の字を入れ，記録した。

1セッションは，1回45分の授業とした。学校現場での実践研究では毎回の授業において観察ができるとは限らないため，すべての情報を正確に記録する必要がある。授業科目もさまざまであるため，本研究では「国語」「算数」「生活」といった児童らが席に座って授業を受ける形式の授業に焦点を当て，観察を行なうようにした。

研究デザインは，行動間多層ベースラインデザインを用い，ベースライン期，介入期，フォローアップ期を設けた。

3　結果と考察

結果として，着席行動と片づけ行動に関しては介入期において大きな減少が見られた。しかし，注目行動に関しては変化が見られなかった。

観察の信頼性に関しては，観察者1名に観察を依頼した。観察者は外部の人間ではなく，対象校に支援に来ていた大学院生を選出した。これは，対象が小学2年生であることから観察の反応性（reactivity）を避けるためであった。学校現場での実践研究であったため，すべてのセッションにおいて2名で観察を実施し，信頼性を算出することは難しかった。着席行動は全セッションの15％，片づけ行動は24％，注目行動は7％において著者と観察者が同時に観察を行なった。結果として，観察者間一致（IOA）は着席行動において100％，片づけ行動は91％，注目行動は87％であり，標的行動の信頼性は見られたと結論づけた。社会的妥当性の指標としては，児童らにアンケートを実施した。本研究では，児童らへのアンケートのみにとどまった。

> **実例2** 通級学級において「めあて＆フィードバックカード」による目標設定とフィードバックが着席行動に及ぼす効果（道城・松見，2007）

1 研究の目的

　道城・松見（2007）は，小学1年生の通常学級において，道城ら（2004）においても取り上げた着席行動を標的行動とした取り組みを行なった。

2 方法

　着席行動は，研究開始前の1学期に収集した記述的アセスメントに基づいて選択したものであり，学級の問題を反映したものであった。
　介入方法は目標設定だけでなく，「めあて＆セルフモニタリングカード」と題した目標設定とセルフモニタリングの効果を検討した。その際，着席行動の観察および記録方法，信頼性の測定は道城ら（2004）と同様であったが，社会的妥当性はアンケートに直接観察を加えて検討した。1つめは直接観察であり，着席行動の後，授業が開始した際に学級担任が初めて出した指示に対する児童らの**課題従事行動**であった。つまり，着席したとしてもそれが授業を受ける行動につながらなければ，授業準備とはいえないためである。課題従事行動は，「授業開始（チャイム後），学級担任が最初に出した指示によって要求されている課題や作業を行なっている」と定義した。たとえば，学級担任が「国語の用意をしましょう」という指示を出したならば，「国語の教科書，国語帳等を引き出しの中から出して机の上に置く」という行動になる。授業後に，学級担任に口頭で正しい行動を確認するようにした。観察および記録方法は，着席行動と同様に座席表を用い，学級担任の指示を記録し，指示内容を達成できていなかった児童名にチェック印をつけた。2つめは，授業開始時間（チャイムが鳴り終わってから学級担任が指示を出した時間（潜時記録法）であり，着席を早めたことによって，授業時間が延びたのかといったことを示すためであった。これはストップウォッチを用いて計測した。3つめは介入期間終了後に行なった児童らを対象としたアンケートであった。道城ら（2004）と同様の項目に加え，「チャイムが鳴ったらすぐにかえってきてすわることができるようになっ

たのは，カードをつくえにはったからだとおもいますか？」などの項目を加えた。研究デザインは，ABABデザインを用いた。

3　結果と考察

結果として，介入期において着席行動が大きく増加したことが明らかとなった。社会的妥当性を示す課題従事行動が増加し，授業開始時間も減少した。つまり，着席した後の学級担任による初めての指示に従う人数が増え，授業準備ができていたことを示した。児童らを対象としたアンケートにおいても，児童らは自分たちの着席行動がめあてカードによるものと見なしていた。

実例3 通級学級において「めあて＆フィードバックカード」による目標設定とフィードバックが着席行動に及ぼす効果（道城，2014）

1　研究の目的

授業準備行動の中で，着席行動は比較的観察しやすい行動であったが，授業中は教師の話を聴くなど，維持が求められる行動がある。そこで，道城(2014)は，小学1年生の学級を対象として「**聴く行動**」を標的行動とした取り組みを行なった。

2　方法

介入方法は，道城・松見（2007）と同様で，「めあて＆セルフモニタリングカード」を用いた目標設定とセルフモニタリングによる手続きを用いた。

学級担任との話し合いにより，「教師が話をしている際に教師を見る」行動を標的行動とした（以下，聴く行動とする）。観察は，授業開始後10分間の聴く行動を含む「求められている課題や作業をする」行動（以下，課題従事行動とする）に対して行なった。授業開始後の10分間に限定したのは，予備観察から教師の説明から課題や作業をするといった一定の流れがあることが多いと判断したためであった。児童らには「先生の顔を見て話を聴く」ことをめあて（目標）として伝えた。課題従事行動の中に聴く行動が含まれており，非課題従事

表 10-1 聴く行動および課題従事行動の定義（道城，2014 より作成）

聴く行動	教師・発表している児童・説明されている物を見る
課題従事行動	求められている課題や作業をしている （教師・発表している児童・説明されている物を見るまたは触る，質問に答える，問題を解く，席に座っておくなど） ただし，人の顔や物などの方向に顔が向いている場合でも，該当箇所を目で追っていない，焦点が定まっていないなど，明らかに課題に取り組んでいない場合は除く

行動は課題従事行動をしていなければ非課題従事行動と見なすなどの操作的定義を定めた。表 10-1 に詳細を示した。

　課題従事行動に対し，インターバル記録法を用いて観察および記録を行なった。インターバル記録法は，行動がそのインターバル時間内に生じたかを記録する方法であり，本研究では 1 回でも生じたら記録する部分インターバル法（たとえば，Alberto & Troutman, 1999 佐久間ら訳 2004）を用いた。①初めに約 10 秒間で記録用紙に「今，求められている課題やすべきこと，作業内容」を記入した。これは課題従事行動の課題に該当し，番号の下に順に記入した。その後，②2 列ごとに隣り合った 2 名の児童を約 2 秒で観察，約 2 秒で記録した。記録用紙は座席表がもとになっており，課題や指示に従っていない，つまり非課題従事を示す児童の欄に，チェック印を入れて記録した。1 列には 8 名もしくは 10 名の児童がいたため，観察を開始してから約 16 秒もしくは約 20 秒後に次の列を観察した。観察の最中に次の課題や作業についての指示が出てしまった場合には，観察を中断し①に戻った。また，「テスト」や「プリントを書く」課題や作業が連続して続いている場合には，①に戻らず，②の観察を続けて行なった。セッションごとにカウンターバランスを行ない，観察を始める列に偏りが出ないようにした。観察者に協力を依頼し，観察前に観察の手順，注意事項が書かれた観察の手引きを作成するなどして観察者訓練を行ない，観察者間の一致を高めるようにした。観察時は，全員が席に座っている状態から始めること，話をしている人の顔を見る場合は前から観察することなどを配慮するよう情報共有を行なった。このように実践研究における観察や標的行動によっては，観察者訓練などの事前準備が必要な場合もある。

信頼性に関しては今までの研究と同様に，2名の観察者間一致（IOA）を算出した。社会的妥当性の指標として，学級担任に対するアンケートを実施した。質問項目は，「めあてカードは小学1年生に対して実施するのに適していると思う」，といった学級支援についての受け入れやその効果について聞いたものであった。研究デザインは ABA デザインを用いた。

3　結果と考察

　結果として，学級全体の聴く行動，課題従事行動もベースライン期から介入期にかけて向上したことが明らかになった。学級担任の受け入れもよく，効果的な学級支援であったことが示された。

　これらの3つの学校現場における実践研究をとおして，教室内での直接観察について具体例を示した。学校現場ではイレギュラーな事柄も多く，標的行動の選択や操作的定義が重要となる。標的行動の操作的定義を定めることは，信頼性を高めることにつながる。同様に，予備観察，観察者訓練も必要であることがおわかりいただけただろうか。ビデオカメラによる撮影も可能である場合もあるが，数名の児童ならいざしらず，教室内のすべての児童の行動を記録するのは複数のカメラを必要とするため難しいことがある。そのようなことからも，学校現場の実践研究では，時間をかけて準備を行ない，教室内でも入念なモニターを忘れないようにしたい。

指導的立場の保育士を対象とした
応用行動分析の研修プログラムの波及効果

[インターバル内頻度記録法] [AB デザイン]

　発達障害児を含む発達の気になる子どもに対しては，早期からの支援が重要であり，就学前の乳幼児が初めて集団生活を行なう機関である保育所への期待は大きい。発達の気になる子どもに対する保育所での効果的な支援を実施するためには，現場の保育士，その中でも特に他の保育士に対して助言等を行なう指導的立場の保育士の発達支援の専門性の向上が重要である。著者は，指導的立場の保育士を対象とした応用行動分析に基づく発達支援の研修プログラムの開発を行なってきた。本章では，行動観察を用いた研修プログラムの効果検討の方法について見ていく。

応用行動分析に基づく保育士を対象とした発達支援リーダー養成プログラムの開発及びその効果（田中，2011）／指導的立場の保育士を対象とした応用行動分析の研修プログラムの波及効果：適切行動に対する言語称賛スキルの向上（田中・馬場・鈴木・松見，2014）

1 研究の目的

本章では，観察法を用いて，**主任保育士**等の指導的立場の**保育士**を対象とした応用行動分析学に基づく研修プログラムの波及効果を検討した研究について紹介する（田中, 2011；田中・馬場・鈴木・松見, 2014）。本研究の研修プログラムでは，参加者である指導的立場の保育士に対する直接の効果に加えて，対象者を媒介とした園内の他の保育士や園児に対する波及的な効果を想定していた（図 11-1）。本研究では，研修プログラムの波及効果を検討するために，対象者から助言を受ける立場の保育士（担当保育士）の支援行動と研修プログラムの中で対象者が事例として取り上げる園児（対象園児）の行動をインターバル記録法によって測定した。

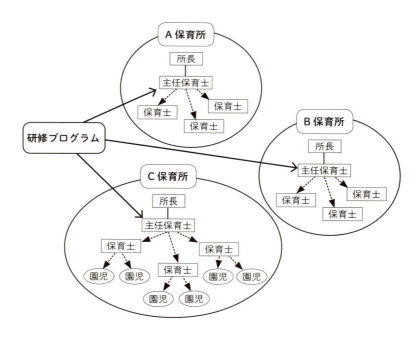

図 11-1　研修プログラムの波及効果
注）実線矢印は研修プログラムの直接の効果を示し，点線矢印は波及効果を表わす。

2 方法

(1) 研修プログラム

　研修プログラムは全4回で構成され，第1回から第3回までは毎週実施し，第4回は第3回から約2か月後に実施した。対象者は，第1回から第3回の研修プログラムの中で応用行動分析に基づくアセスメントおよび支援方法について学んだ（田中・神戸市発達障害ネットワーク推進室，2011）。研修プログラムでは，園児の適切な行動を積極的に見つけて強化していくことや，支援立案の際には気になる行動・困った行動（不適切行動）に対する事後的な対応よりもそれらに代わる望ましい行動（適切行動）を増やす対応に焦点を当てること等を対象者に指導した。第1回から第3回までの間に，対象者は1名の対象園児に対して，研修プログラムに基づく観察記録（ABC観察記録等）を実施し，第3回では実施した記録をもとに支援方法の立案を行なった。第3回終了後，約2か月の間，対象者は研修プログラムに基づく支援を対象園児に実施し，第4回でその経過について報告した。また，この2か月の間に希望のあった対象者に対して，研修プログラムの講師（著者）が巡回相談を実施した。

(2) 観察対象

　担当保育士および対象園児への波及効果を検討するために，研修プログラムの対象者21名のうち3名の主任保育士の園において，担当保育士と対象園児の観察を行なった。観察の対象となった担当保育士は6名で，対象園児は3名であった。A園が担任1名，パート1名の計2名，B園が担任2名，C園が担任1名，パート1名の計2名であった。6名の担当保育士の平均年齢は37.3歳（27～49歳）で，平均保育士歴は14.2年（4～24年）であった。各園の対象園児の平均年齢は4歳（3～5歳）で，B園の園児のみ障害児保育の対象者として認定を受けていた。また，A園とC園の対象園児は男児，B園の対象園児は女児であった。

(3) 観察時期および状況

　観察は，対象者である主任保育士が研修プログラムを受講する前（プレ期）と第3回終了後（ポスト期）に複数回実施した。3園とも巡回相談を実施して

おり，ポスト期の観察は巡回相談の後に行なった。プレ期は3園とも各3回の計9回，ポスト期はA園が1回，B園が3回，C園が4回の計8回の観察を実施した。1回あたりの平均観察時間は，プレ期が91.7分（45〜105分），ポスト期が97.5分（90〜105分），1回あたりの平均インターバル数は，プレ期が18.3（9〜21），ポスト期が19.5（18〜21）であった。観察の信頼性を測定するために，第2観察者が，第1観察者（著者）と同様の方法で，全観察中の29.4％について観察を行なった。

観察は，対象者からの事前の聞き取りにおいて行動問題が生起しやすいことが報告された場面で行なった。A園では給食準備直前までの午前中の活動を観察した。B園では給食から昼寝までの活動を観察した。C園では給食開始（給食の準備を含む）までの午前中の活動を観察した。

(4) 観察する行動

担当保育士の支援行動と対象園児の行動を測定した。測定した担当保育士の支援行動は，対象園児に対する言語称賛（「じょうず」「すごい」等）であった。対象園児の行動は，対象者に対する事前の聞き取りと予備観察から，A園（暴力，泣く，順番を守る，他の園児からの注意）とB園（暴力，泣く，物を取る，水道で遊ぶ）では4つの行動を，C園（暴力，泣く，物を取る）では3つの行動を測定した。対象者が研修プログラムの際に取り上げた行動は，A園は暴力，他の園児からの注意，B園は水道で遊ぶ，C園は暴力，物を取るであった。

(5) 観察方法

観察では，第1観察者が，担当保育士の支援行動と対象園児の行動を5分間の部分インターバル記録法によって測定した。なお，担当保育士の支援行動に対しては，各インターバル内での頻度も合わせて測定する**インターバル内頻度記録法（frequency-within-interval recording）**を実施した（Miltenberger, 2001 園山・野呂・渡部・大石訳 2006）。インターバル内頻度記録法は，各インターバル内の行動の生起頻度を記録することによって，行動の生起インターバル数と行動の生起頻度を同時に測定する方法である。

観察では，数十枚の記録用紙を冊子にしたものを用いて記録を行なった。1

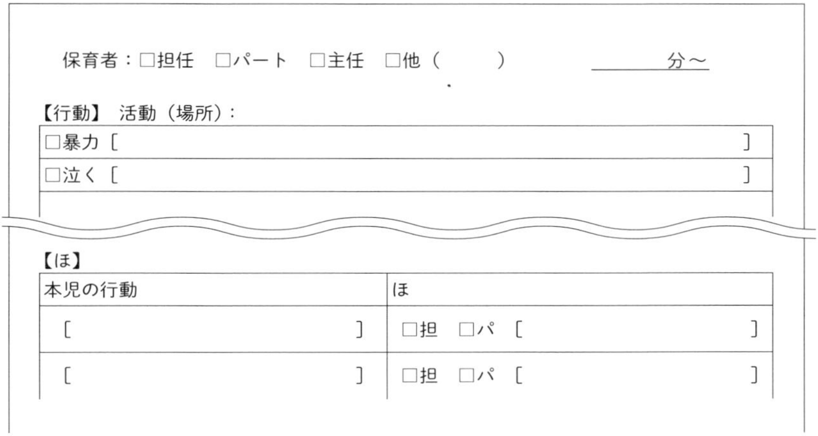

```
保育者：□担任　□パート　□主任　□他（　　　）　　　　　　分～
【行動】　活動（場所）：
□暴力 [                                                              ]
□泣く [                                                              ]
```

```
【ほ】
| 本児の行動 | ほ |
| [            ] | □担　□パ [            ] |
| [            ] | □担　□パ [            ] |
```

図 11-2　記録用紙の例

枚の記録用紙は，1つのインターバルに対応しており，インターバルが変わるたびに次のページの記録用紙を使用した。

記録用紙には，観察対象となる行動が生起するごとに記録を行なった（図11-2）。記録する行動は，担当保育士の対象園児に対する言語称賛と，対象園児の行動であった。担当保育士の言語称賛が生起した場合には，言語称賛を行なった者にチェックを入れ，言語称賛の直前の対象園児の行動と言語称賛のセリフを記録用紙に記入した。対象園児の行動が生起した場合には，該当する行動にチェックを入れ，具体的な行動を記録用紙に記入した。各記録用紙には，観察対象の行動に加えて，その場にいる保育士，当該のインターバル開始時の経過時間（たとえば観察開始後 20～25 分のインターバルの場合は「20 分」と記入），活動内容（自由遊び等），場所（保育室等）を記録した。なお，記録用紙の冊子の1枚めには観察の開始時間および終了時間と日付を記入する欄を設けた。

3　結果と考察

(1) 行動観察の信頼性

行動観察の信頼性を確認するために，担当保育士の支援行動（言語称賛）と

対象園児の行動について，第1観察者と第2観察者の観察記録の一致率（一致インターバル数／（一致インターバル数＋不一致インターバル数）× 100）を算出した。なお，対象園児の行動については，行動ごとに一致率を算出した。その結果，担当保育士の支援行動の平均一致率は 94.8 %（88.9 〜 100 %），対象園児の行動の平均一致率は 97.6 %（77.8 〜 100 %）であった。

(2) 担当保育士の支援行動（言語称賛）

図 11-3 には，プレ期とポスト期における担当保育士の言語称賛のインター

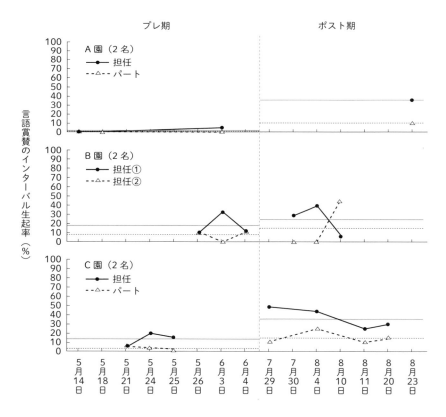

図 11-3　担当保育士の言語称賛のインターバル生起率（%）
注）横線はプレ期とポスト期の保育士ごとの平均値を示す。

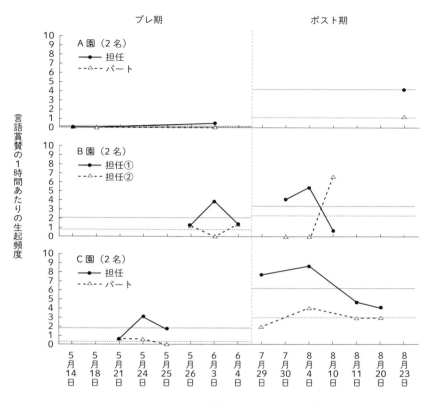

図 11-4　担当保育士の言語称賛の 1 時間あたりの生起頻度
注）横線はプレ期とポスト期の保育士ごとの平均値を示す。

バル生起率（％）を示した。上から A 園，B 園，C 園の結果となっている。縦軸はインターバル生起率（％）を，横軸は観察セッションの日付を表わしている。図 11-3 から，すべての園で，担当保育士の言語称賛が，プレ期からポスト期にかけて増加していることがわかる。

　図 11-4 には，プレ期とポスト期における担当保育士の言語称賛の 1 時間あたりの生起頻度を示した。上から A 園，B 園，C 園の結果となっている。縦軸は 1 時間あたりの生起頻度を，横軸は観察セッションの日付を表わしている。図 11-4 から，すべての園で，担当保育士の言語称賛が，プレ期からポスト期

にかけて増加していることがわかる。

生起インターバル数と生起頻度の不一致（1インターバル中に2回以上行動が生起）は，B園とC園で確認された。図11-3と図11-4から，B園ではプレ期からポスト期への変化について生起インターバル数と生起頻度で大きな違いはないが，C園ではプレ期からポスト期への変化について生起頻度においてより大きな増加が見られた。

(3) 対象園児の行動

図11-5には，プレ期とポスト期における対象園児の標的行動および標的行

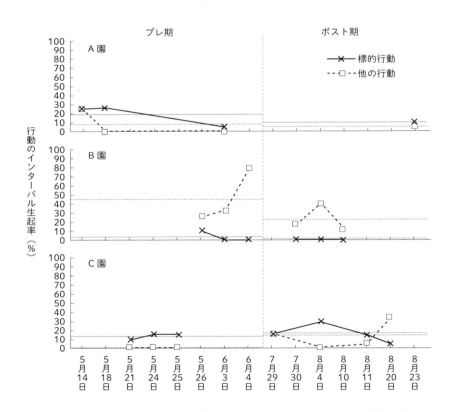

図11-5　対象園児の標的行動および標的行動以外の行動のインターバル生起率（％）
注）横線はプレ期とポスト期の保育士ごとの平均値を示す。

動以外の行動のインターバル生起率（％）を示した。上からA園，B園，C園の結果となっている。縦軸はインターバル生起率（％）を，横軸は観察セッションの日付を表わしている。図11-5から，A園では，標的行動（暴力，他児からの注意），標的行動以外の行動（泣く，順番を守る）ともに，プレ期の段階で減少が確認され，ポスト期においてもそれが維持された。B園でも，標的行動（水道で遊ぶ）については，プレ期の段階で減少が確認され，研修後もそれが維持された。一方，B園の標的行動以外の行動（暴力，物を取る，泣く）については，プレ期からポスト期にかけて減少が見られた。C園の標的行動（暴力，物を取る）については，ポスト期において一旦増加した後に減少が見られたが，標的行動以外の行動（泣く）は標的行動の減少に伴って増加した。

(4) 考察

　観察の結果，観察対象となった3園すべてにおいて，対象者の研修受講前（プレ期）から受講後（ポスト期）にかけて，対象者から助言を受ける立場の保育士（担当保育士）の言語称賛に増加が見られた。一方で，対象園児の行動の変化は一貫したものではなかった。これは，研修プログラムを受講した対象者からの園内の他の保育士に対する波及効果は示されたが，対象園児の行動に対する波及効果は十分なものでなかったことを示唆している。今後の研究では，対象園児の行動に対しても効果が十分に波及するような研修プログラムの開発が求められる。

　本研究の言語称賛に対する観察では，インターバル内頻度記録法を用いることによって，言語称賛の生起インターバルだけでなく，生起頻度の測定を行なった。生起頻度を測定することによって，3園中1園（C園）ではプログラムの効果をより明確に確認することができた。インターバル内頻度記録法を用いて生起頻度を測定することで，通常のインターバル記録法では把握することができない，インターバル内で行動が複数回生起している場合の変化をとらえることが可能となる。インターバルの間隔が長くなればなるほど，インターバル内で行動が複数回生起する可能性は高くなる。このような場合でも，生起インターバルと合わせて，生起頻度を測定することで，より正確に行動の変化をとらえることができるのである。

教室内における問題行動の改善

[瞬間タイムサンプリング法]　[ABCA デザイン]

　現在，小学校入学時に話を聞けなかったり，集中して学習に取り組めなかったりする1年生が多く見られ，その結果として授業が成り立たない「小1プロブレム」と呼ばれる状態になることが報告されている。東京都内の公立小学校では，19.3％において小1プロブレムが発生しているという調査結果もある（東京都教育委員会，2009）。本章では，学習における集中度に影響すると考えられる姿勢の改善を試みた小学校1年生に対する実践を見ていくことにする。

 小学1年生児童に対する学習時の姿勢改善のための介入パッケージの効果：学級単位での行動的アプローチの応用（大対・野田・横山・松見，2005）

1　研究の目的

　小1プロブレムは，幼児期の保育形態と小学校での教育形態が大きく異なることから，そのギャップの中で不適応を起こしている状態と考えられている

（高木，2015）。その大きなギャップの一つに，小学校入学後から急激に多くなる，椅子に座って授業を受けたり課題をしたりする活動があげられる。幼児期にも椅子に座り机の上で絵を描いたり制作をしたりする設定はあるが，それはあくまでも一部の限られた時間の中での活動である。一方で小学校では，椅子に座って机に向かい字を書いたり課題をしたりという時間が多くを占めるようになる。特に小学 1 年生では，まだこの机と椅子の生活が習慣化されていないことや，身体的にも未発達であり，また机や椅子のサイズが大きすぎるなどの要因も合わさり，姿勢が崩れている児童が非常に多い。正しい姿勢で座ることは，学習のための準備行動として重要であり，先生の話を聞くことや集中して課題に取り組むことにもつながるため，小1プロブレムを予防するためにも，入学後すぐに形成しておくべき行動といえる。大対ら（2005）は，小学 1 年生の 3 学級の児童を対象に，書字場面における姿勢の改善を目的として行動的アプローチによる介入パッケージを導入し，その効果を児童たちの姿勢の変化を観察することにより検討した。

2　方法

　介入の対象となったのは小学 1 年生 3 学級，計 76 名の児童（男児 38 名，女児 38 名）であった。介入は学級単位で実施し，各学級の人数は学級 A が 26 名，学級 B が 24 名，学級 C が 26 名であった。どの学級においても，体が横を向いたり，机に覆い被さるようにしておしりが浮いていたり，イスに足を上げて座ったり，背もたれと座部の間にある隙間に足を突っ込んでいたりと，姿勢が大きく崩れている児童が多く，担任による個別の注意だけでは十分に改善されない状態にあった。

　ここでは「よい座位の姿勢」を，①背中が伸びている，②足は前で揃えている，③おしりが座部についている，④体が前を向いているの 4 つの条件を満たす行動として定義し，4 つのうち 1 つでも満たされないものがあれば姿勢が崩れていると見なした。3 名の観察者を各学級に 1 名ずつ配置し，朝の学習の時間として設定されている 1 時間めの前の 15 分間のうち，開始から 2 分後に 1 回，7 分後に 1 回の合計 2 回観察を実施した。観察者は座席と対応した記録用紙を用いて，学級の児童全員を座席順に一人ずつ「よい座位の姿勢」の 4 つの条件

ができているか観察した。観察順序による効果をカウンターバランスするために，2回の観察では観察を開始する座席の場所を変更していつも同じ児童から観察を始めることがないようにした。観察は，ベースライン期の1週間に2回，介入期1（正しい姿勢の学習）の1週間に毎日，介入期2（正しい姿勢の維持）の1週間に2回，フォローアップ期の1週間に2回実施した。

　書字場面での姿勢改善のために導入した介入パッケージは，正しい姿勢について学習する介入期1と，正しい姿勢の維持訓練を行なう介入期2から構成されていた。介入期1はさらに正しい姿勢についての教示に重点を置いた「導入」と行動リハーサルに重点を置いた「正しい姿勢の形成」から構成されていた。「導入」では介入期1の初日の授業時間を1コマあてて，3名のトレーナーが各学級単位で正しい姿勢のための満たすべき4つの条件を指導した。「正しい姿勢の形成」は，「導入」の次の日から1週間，朝の学習の時間に実施した。トレーナーが1名ずつ各学級へ行き，よい姿勢の4つの条件を一緒に言いながら正しい姿勢をさせた。姿勢チェックシートを児童に配り隣同士で姿勢のチェックをさせた後，お互いの姿勢で上手にできていたところについて褒めさせた。次に書写プリントを配り約10分間姿勢正しく書字ができるように練習をした。はじめの5分が経過した時点で，トレーナーが学級全体にもう一度姿勢の4条件を言い，姿勢が崩れはじめている児童がもう一度姿勢を正せるようにした。書写の時間が終わる直前には担任とトレーナーで教室を巡回し，正しい姿勢で書写ができている児童の机に強化子として，「がんばったね」と書かれた色つきのカードを置いていった。次の1週間は介入期2として姿勢の4条件についての教示はせずに，トレーナーが正しい姿勢ができている児童に対して介入期1と同じカードを与えて不定期に正しい姿勢を強化した。このように段階的に介入操作を除去し，また連続強化から部分強化に移行することで介入効果の維持をねらった。

3　結果と考察

　以上のような介入により児童たちの書字場面での姿勢が改善されたかを検討するため，ベースライン期，介入期1，介入期2，フォローアップ期において観察した児童の姿勢をもとに，姿勢が崩れた児童の数を図12-1に示した。

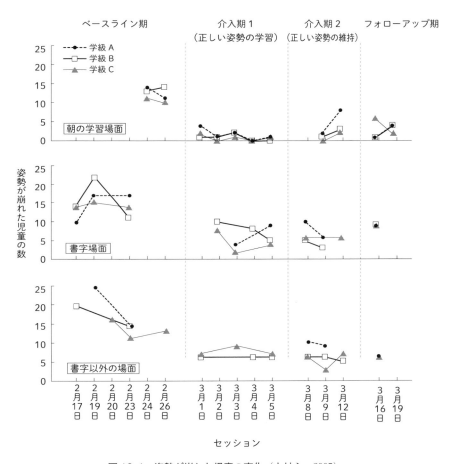

図 12-1　姿勢が崩れた児童の変化（大対ら，2005）

　図の縦軸は姿勢が崩れた児童の人数，横軸は観察を行なった日が示されている。また，介入の効果が介入を実施した朝の学習場面以外の授業中の書字場面や，書字以外の活動の場面にも般化しているかを，観察を行ない検討した。図12-1に示されているように，朝の学習場面では，介入を導入する前のベースライン期では3学級とも12名前後の児童に姿勢の崩れが見られたが，介入を導入して以降，フォローアップ期にいたるまで，姿勢が崩れている児童の数は5

名以下にまで減少していた。また，姿勢改善の効果は介入を実施した朝の学習場面以外にも般化が見られた。

　さらに，この研究では「よい座位の姿勢」を4つの条件から定義し観察したことにより，介入による姿勢の変化についてもさらに詳しい検討をすることができた。たとえば，介入した後に姿勢が崩れていると見なされた児童でも，ベースライン期では満たされていない条件が複数あったが，介入後にはその数が1つにまで減っていることがわかった。つまり，ここから姿勢の崩れ方の程度は介入後に小さくなっていたことがわかる。また，4つの条件の中では，足の位置ができていないとチェックされることが比較的多かったこともわかっている。ここから，椅子の大きさが体の大きさと合っていないことが，姿勢の崩れにもつながることが示唆されるため，正しい姿勢で座ることを教える以外にも，体に合った椅子の高さに調整するなどが姿勢の改善のためには必要であるといえる。

4　まとめ

　座っているときの姿勢のよさは，ともすれば姿勢よく座れているかを担任の先生の「感じ方」で評価するという方法をとってしまいかねないところであるが，本研究では「よい座位の姿勢」の中に含まれる4つの行動的要素を条件として，そのそれぞれができているかどうかを観察で確認するという作業を行なった。こうすることにより，姿勢が崩れているかいないかの基準が明確になり，誰が見ても同じ条件で姿勢の良し悪しを評価することができることは最大のメリットである。また，今回の介入では，座位の姿勢の「見た目」が介入によりどう変化するかをとらえることが目的であったため，満たすべき4つの条件のうちいくつ満たせているかによって，姿勢の「見た目」がゴールとして目指しているものにどれくらい近いのか，遠いのかということも評価できる方法を用いていた。このように，指標とする行動の切り口が，研究の目的と対応していることも重要である。

　また，今回の研究目的からは逸れてしまうが，背景でも述べた小1プロブレムと姿勢の関係に立ち返ると，学級内における姿勢が崩れた児童の数は，「どの程度落ち着いた学級か」という学級の状態を表わす指標にもなりうる。学級

が小1プロブレムを発生しているとされる状態なのかについては，教員の感じ方に任せた評価をしてしまうことは非常に危険であり，立て直しに非常に時間がかかるくらいにまで崩れてしまってからようやく支援を要請するということにもなりかねない。したがって，より客観的な評価に基づく基準により，救済を必要とするレベルを決めることは，早期介入を実現させることにもつながる。このように，客観的な観察により数値化することは，研究の領域にとどまらず実践においても大きなメリットがある。

　本研究で行なった観察のデメリットとしては，「よい座位の姿勢」の4つの条件を書字場面という限定的な場面に合わせて定めたことである。場面を限定することは，正確な観察を実施するうえでは必要なことであるが，場面が変わると「ふさわしい」とされる姿勢も，また「良い」とされる許容範囲も同時に変わってくる。したがって，さまざまな場面設定で観察をすると，一定の基準で姿勢を評価することが妥当でない場面が含まれてしまうことになる。データの信頼性や妥当性を保証するためには必要な手続きとして場面を限定した観察を行なったが，そこから得られる結果もまた限定的な場面についてのものであることを忘れてはならない。実態に合った研究をするためには，場面を変えてこのような観察を行なう研究を重ねていくことが必要なのである。

抑うつ症状を示す児童の対人行動

［行動観察］［逐次分析］［グループデザイン］［統計解析］

本章では，抑うつ症状を示す児童の対人行動について，小学校で行動観察を行なった研究を紹介する。ここでは，研究の結果や得られた知見よりも，その方法に重点を置き，社会的相互作用に関するデータ収集とその解析について詳しく述べたい。

実例 ▷ 抑うつ症状を示す児童の仲間との社会的相互作用：行動観察に基づくアセスメント研究（竹島・松見，2013）

1 研究の目的

学校の教室に入り子どもの行動観察を行なうと，表情が暗く孤立しがちな子どもや怒りのコントロールが難しい子ども，仲間への接し方が不器用な子どもなど，多様なニーズのある子どもの姿が見えてくる。この研究は，**抑うつ症状**を示す児童に焦点を当て，児童が学校場面で仲間とどのようにやりとりをしているか，そこから抑うつ症状に関与する対人行動や**社会的相互作用**の特徴を明らかにすることができないか，という目的から実施された行動観察研究である。

2 方法
(1) 対象者
　小学5,6年生196名を対象に抑うつ尺度によるスクリーニングを行ない,抑うつ得点の高い抑うつ群の児童10名とそうでない低抑うつ群の児童10名を対象とした。そして,これらのグループ間にどのような対人行動や相互作用の違いが見られるかを検討した。

(2) 観察場面
　児童の仲間とのやりとりを詳細に観察するため,児童が3人グループで10分間の問題解決課題を行なう場面を設定した。児童の相互作用を詳細に観察するために,児童が課題を行なっているようすをビデオで撮影した。研究は,教育委員会,学校長,児童らに研究の説明を行ない,事前に同意を得て実施された。このような観察研究を含めた研究を行なう際には,対象者に対する十分な倫理的配慮がなされなければならない。

(3) 行動カテゴリーの開発
　研究で明らかにしたいことを観察するために,あらかじめ児童のどのよう

表13-1　行動観察に用いた行動カテゴリーと定義

行動カテゴリー	定　義
向社会的行動	会話を促進する発言および喜びなどのポジティブな情動表出を含む行動 例:提案,質問,賛成,ユーモアを含む応答など
攻撃行動	拒否的な内容を含む発言および怒りや嘲りなどの情動表出を含む行動 例:批判や拒絶,命令,嘲笑など
孤立・引っ込み思案行動	会話に対する消極的な行動(傍観,小さな声)および不安などの情動表出 例:発言せず周りで見ている,指さしなどの間接的なはたらきかけ
抑うつ行動	不安・不満や自己卑下などの発言および悲しみなどの不快情動の表出 例:自分ができないことを訴える,沈んだ表情や声のトーンを伴う発言
無視	他者からの明らかなはたらきかけに応答しない(3秒以上),別の話をする
仲間同士のやりとり	仲間からもう一人の仲間に対するはたらきかけや応答。対象児を除く仲間2名による相互作用

な行動を観察し，記録するのかを行動カテゴリーとして設定しておく必要がある。表13-1 に，この研究で用いた**行動カテゴリー**とその定義を示した。児童の行動と一口に言っても，そこには微細な表情の変化から言語，粗大運動にいたるまでさまざまな行動があり，多様なレベルの視点で観察することができる。研究の背景となっている理論や予備的観察の情報などをよく検討し，研究目的に即した行動カテゴリーを決定することが重要である。また，行動カテゴリーを開発する際には，誰が見ても一致してコードできるように客観的な定義をしておくこと，1 つの行動に 1 つだけの行動カテゴリーがコードされるように設定すること

行動観察では 1 つの行動に 1 つの行動カテゴリーがコードされるように設定する

（相互排他的），行動の流れや相互作用を観察するときには網羅的であることなどもポイントとしてあげられる。行動カテゴリーの開発に関する詳しい情報は，ペレグリーニ（Pellegrini, 1996 大藪・越川訳 2000）に記載されている。

(4) 行動のコーディング

この研究では，児童の 1 人の行動だけでなく，児童と仲間との相互作用のパターンを明らかにすることも一つの目的であった。そのためには，児童のやりとりを時間の流れに沿って記録し，それぞれの行動に行動カテゴリーをコードしていく方法を用いた。図 13-1 に行動のコーディングの例を示した。児童のやりとりを時系列に書き出し，各行動に対してコーディングを行なった例である。これらの作業は膨大な時間と労力を要するが，最近ではコンピュータを用いた専用の装置で録画した映像を観察しながら同時にコーディングすることができるようになっている。

(5) データの分析

観察した児童の行動データについて2種類の分析を行なった。1つめは，抑うつ症状を示す児童の対人行動の特徴を調べるために，児童の行動の頻度を測定した。2つめは，社会的相互作用のパターンを調べるために，逐次分析（Sequential analysis; Bakeman & Gottman, 1997）を行なった。以下に，**逐次分析**の概要を説明したい。

逐次分析は，図13-1のような行動の時系列データから，ある行動A（Lag 0）のもとで別の行動B（Lag 1）が後続する条件つき確率（$P_B|_A$）を算出する。そして，無条件の確率（P_B）との比較から，当該の**行動連鎖**が期待値から離れている程度を計算することで，行動連鎖の起こりやすさを統計的に示す方法である。表13-2には，単純化した仮想データについて行動連鎖の頻度と条件つき確率を示した。たとえば，「対象児の向社会的行動→仲間の向社会的行動」の行動連鎖について検討してみよう。対象児の向社会的行動を基準（Lag 0）としたとき，仲間の向社会的行動（Lag 1）が後続して起こった頻度は18である。この頻度をLag 0に続いて起こったすべての行動頻度の合計値22で除すことで，条件つき確率.818を算出することができる。このような方法で，

時間	児童	行　動	行動コード
0:08	仲間A	「まずは，どの道具が一番役に立ちそうか決めていく？」提案する。	向社会的行動（仲間）
	対象児	「うんうん，そうしようか。」同意する。	向社会的行動（対象児）
	仲間B	「えー，どれかなあ，これとか役に立ちそうじゃない？」質問・提案する。	向社会的行動（仲間）
	対象児	「どうしてそんなの選ぶの，絶対要らないよ！」きつい口調で否定。	攻撃行動（対象児）
		⋮ (続く)	

観察日時： 2010/ 10 / 28
グループ： 6 年 1 組 グループ 3
観察者1： 竹島　　　　　観察者2： 吉田

図13-1 時系列のデータと行動のコーディングの例

表 13-2　行動連鎖の頻度データ（上）と条件つき確率（下）の例

		標的コード　Lag 1			
		向社会的行動	攻撃行動	孤立・引っ込み思案行動	合計
基準コード Lag 0	向社会的行動	18	2	2	22
	攻撃行動	2	9	7	18
	孤立・引っ込み思案行動	7	0	3	10
					50

		標的コード　Lag 1		
		向社会的行動	攻撃行動	孤立・引っ込み思案行動
基準コード Lag 0	向社会的行動	.818	.091	.091
	攻撃行動	.111	.500	.389
	孤立・引っ込み思案行動	.700	.000	.300

すべての行動連鎖について条件つき確率を算出する。実際に分析を行なう際には，行動連鎖の頻度データから条件つき確率の算出，無条件確率との比較，有意性の検定までを行なうコンピュータを用いるプログラムも開発されている（Bakeman & Gottman, 1997）。

3　結果と考察

　以上のような手続きから得られた結果について見てみよう。ここでは，実際の結果の一部のみを記載する。まず行動の頻度について分析した結果（表13-3）からは，抑うつ症状を示す児童はそうでない児童よりも，向社会的行動が有意に少なく（$p = .01$），孤立・引っ込み思案行動が多い傾向（$p = .07$）が見られた。向社会的行動および孤立・引っ込み思案行動の差は，いずれも大きな効果量を示した（それぞれ，$d = 1.31, d = 0.92$）。

　次に，相互作用パターンを調べるために行なった逐次分析の結果を表13-4に示した。表中の z 得点は，行動連鎖の起こりやすさを意味する値である。z 得点が正の値の場合にはその行動連鎖が期待値よりも起こりやすいことを示

表 13-3 行動カテゴリーの平均生起頻度，標準偏差，t 値

行動カテゴリー	抑うつ群 ($n=10$)		低抑うつ群 ($n=10$)		t
	M	SD	M	SD	
対象児					
向社会的行動	42.10	25.51	67.50	13.41	2.79*
攻撃行動	6.40	7.24	10.60	8.29	1.21
孤立・引っ込み思案行動	21.70	22.81	6.30	10.21	1.95†
抑うつ行動	0.30	0.67	0.30	0.95	<1
無視	11.30	9.29	10.70	5.25	<1

$df=18$，* $p<.05$，† $p<.10$

表 13-4 対象児の行動に対する仲間の行動の連鎖についての平均 z 得点，標準偏差 (SD)，t 値

	z 得点					
行動カテゴリー	抑うつ群 ($n=10$)		低抑うつ群 ($n=10$)			
	M	SD	M	SD	df	t
対象児の孤立・引っ込み思案行動に対する仲間の行動						
向社会的行動	-0.29	0.93	-0.26	1.49	14	<1
攻撃行動	-1.05	0.72	-0.30	0.61	14	2.19*
無視	-0.64	1.60	-0.28	1.28	14	<1
仲間同士のやりとり	1.73	1.01	0.93	1.71	14	1.18
孤立・引っ込み思案行動	-0.57	0.21	-0.24	0.01	4	2.71†

* $p<.05$，† $p<.10$
注）それぞれの行動連鎖が見られたグループのみを分析対象としたため，自由度が異なる。

し，負の値の場合には期待値より起こりにくいことを示す。分析の結果，抑うつ群のほうが低抑うつ群よりも，対象児の孤立・引っ込み思案行動に対して仲間の攻撃行動が起こりにくいことがわかった（$p=.046$, $d=1.32$）。また，抑うつ群のほうが低抑うつ群よりも，対象児の孤立・引っ込み思案行動に対して仲間の孤立・引っ込み思案行動が起こりにくいことが示された（$p=.05$, $d=2.71$）。これらの有意差はいずれも大きな効果量を示していた。

以上の結果から，抑うつ症状を示す児童は仲間との交流の場面で孤立・引っ込み思案行動を多く示すが，この行動は仲間の攻撃行動を抑制する機能をもち，

相互作用の中で維持されやすくなる可能性が示唆された。しかし，学校の中で孤立することが多くなると，仲間との楽しい交流の機会が失われることになり，抑うつがさらに長期化する可能性も考えられる。子どもの対人行動にアプローチする介入方法の必要性が示唆される。

4　まとめ

　ここまで見てきたように，子どもの抑うつという，どちらかといえば内面的な要因に目を向けられがちなテーマについて対人行動の観察を行ない，複雑な社会的相互作用を分析することで，その具体的な特徴を明らかにすることができた。行動観察は，さらなる仮説の生成や，介入に直結するような具体的かつ詳細な情報を得られる重要な研究法の一つといえる。

大学の講義における
私語の解消

[瞬間タイムサンプリング法] [ABAデザイン]

「行動を観察する」という言葉を聞くと，1人もしくは少人数を対象に観察を実施し，行動に関するデータを収集するというイメージが強いかもしれない。しかし，行動観察は多人数を対象として実施することも可能である。本章では大学講義において，多人数を対象に実施された研究を見て行くことにしよう。

 大教室の講義における大学生の私語マネジメント：好子出現阻止による弱化を用いた介入の有効性（佐藤・佐藤，2014）

1 研究の目的

100人を超えるような規模で履修者がいる大学の授業において，大学教員が学生の**私語**の対応に悩むケースが少なくない。おそらく学生の側からすると目立たない声の大きさで近くの人と話していると思っているだろう。しかし，大人数が履修している授業の場合，目立たない声で話している学生の数も履修者

の分だけ増えるため，学生の想像以上に私語のボリュームが大きくなってしまうことがある。大学教員の側も授業そのものの魅力や面白さを向上させる努力が必要であるが，時にはその努力をもってしても私語の対応が難しいことがある。筆者も大学教員であるが，できるかぎり楽しく意義のある授業を学生とつくり上げたいと日々考えており，そのように考えている大学教員は少なくないと思われる。

そこで本章では，介入によって大学の講義における私語の解消を試みた研究（佐藤・佐藤，2014）を紹介する。

2　方法
(1) 対象者と全体的な手続き

大学において心理学に関する講義を履修していた学生244名を対象に行動観察を行なった。講義は2クラスに分けて実施されており，クラス1の履修者は123名，クラス2の履修者は121名であった。クラス1は私語を解消するための介入を行ない（介入クラス），クラス2は対照クラスとした。

全体的な手続きとしては，ベースライン期が5回，介入期が6回，フォローアップ期が2回であり，ABAデザイン（第7章参照）を用いた。

(2) 行動観察

実際に授業が行なわれている教室で，2名の観察者が5分間の瞬間タイムサンプリング法による私語の観察を実施した。図14-1には観察のときに用いられた観察用紙を示した。2名の観察者は携帯電話や腕時計のインターバルタイマー機能を使い，5分ごとに同じタイミングで観察できるようにした。タイマーの振動が起きた瞬間に私語（教員以外の声）が少しでも聞こえたら私語ありと，まったく私語が聞かれなかったら私語なしと記録することとした。行動観察ではどんな内容の会話であっても声が聞こえたら私語と見なして私語ありと記録したが，これらの会話の中には授業内容について近くの学生に確認するための会話も含まれていた可能性がある。しかし，大教室の授業において一人ひとりの学生の会話内容まで確認することはできないため，聞こえた声はすべて私語と見なすことにした。授業で使用しているマイクが故障するなど，特別な事情

記録者氏名：＿＿＿＿＿＿＿＿＿＿

※チェックしていただきたいこと

①私語の有無 ⟶ 私語がある場合は，②私語が気になるか

振動を感じた瞬間の私語のようすをあまり深く考えずに観察して，○をつけてください。

	私語の有無	（私語がある場合） 私語が気になるか	備考
11：00	あり　/　なし	気になる　　気にならない	
11：05	あり　/　なし	気になる　　気にならない	
11：10	あり　/　なし	気になる　　気にならない	
11：50	あり　/　なし	気になる　　気にならない	
11：55	あり　/　なし	気になる　　気にならない	
12：00	あり　/　なし	気になる　　気にならない	

お疲れ様でした♪

図 14-1　私語の記録用紙の例

が生じていた場合は，備考としてそのことを観察用紙に記載した。

また，図 14-1 を見ると私語の有無以外にも私語の気になる度合いについても記録を行なっていたことがわかる。しかし，実際にデータを収集してみると，私語が気になる度合いは観察者によって個人差が大きく十分な一致率を得られなかったため，データとしては採用されなかった。

観察を実施するときに問題となったのは，観察者が教室のどこで観察をするべきかという点である。観察が行なわれた教室は大教室であったため，観察者から遠い場所で生じている私語については私語の有無をとらえきれない可能性があった。そこで，2 名の観察者は毎回異なる場所に離れて座り，できるかぎり教室全体の私語の状況を把握できるように努めた。ただし，後述する観察者間一致（IOA）の確認を行なった日は観察者の席が離れていると同じ条件で観察することができず一致率を算出することができないため，隣に座って観察を実施することになった。

90 分の授業で 5 分ごとに行動観察を行なうため，単純計算では 1 回の授業

につき18回観察を行なうことになるが，授業前に連絡事項などがあって授業開始時間が少し遅れたり，遅刻した学生が入室して私語が生じたりすることがあった。そこで，授業開始時間から20分経過した段階で観察を開始することとした。しかし，それでも授業ごとに観察を行なった回数が異なっていたことから，私語生起率（私語ありとなった回数÷観察回数×100）を用いた。また，2名の観察者が異なる場所に座って観察することもあったため，2名の観察者の私語生起率の平均値を（観察者Aによる生起率＋観察者Bによる生起率）÷2の式により算出し，データとして示すこととした。そのため，1名でも欠席するとデータが揃わないという状況になり，この研究では2回分のデータが欠損となってしまっている。余裕をもって観察者を確保し，欠席に備えることも必要である。

(3) 観察者間一致（IOA）

　介入クラス，対照クラス共に第1，2，5，7，9セッションの全5セッションにおいて，IOAを算出した。第1セッションと第2セッションにおいて2人の観察者間で十分な信頼性が得られているかどうかを確認し，その後は断続的に一致率の確認を行なった。IOAは（両観察者の観察結果が一致した観察単位の数÷全観察単位の数）×100の式で算出した。その結果，IOAは81.6％であった。

　観察対象となった行動は私語の有無であったため，比較的行動観察が容易であった。しかし，もっと細かく定義をする必要がある行動（たとえば，攻撃的行動など）であれば，一致率を高めるために事前に練習を行なう必要があるだろう。また，瞬間タイムサンプリング法では一瞬における行動の有無を観察するため，2名の観察者間でタイミングを合わせることが非常に大切である。もし，観察する行動が簡単であるにもかかわらず一致率が低い場合には瞬間的な観察のタイミングがずれていないかどうかを確認する必要があるだろう。

(4) 介入手続き

　介入クラスは私語を解消するための介入を行ない，クラス2は対照クラスとした。表14-1に各クラスに実施した介入の手続きをまとめた。ベースライン

表 14-1　介入の手続き

	ベースライン期	介入期	フォローアップ期
介入クラス	ルールの説明と注意	ルールの説明と注意 ＋ 授業協力点	ルールの説明と注意
対照クラス	ルールの説明と注意	ルールの説明と注意	ルールの説明と注意

期は両クラスとも授業開始時に授業担当教員が私語は禁止であるというルールの説明を学生に対して行なった。また，私語が目立つ場合には1回の授業につき最大2回「静かにしてください」という注意を学生に与えた。介入期は対照クラスではベースライン期と同様にルールの説明と注意を行なった。介入クラスではベースライン期の手続きに加えて，新たに「授業協力点」の手続きを導入した。「授業協力点」は担当教員が私語に関する注意を行なわなかった場合に受講者全員に与えられる点数で，この点数が成績評価にも反映された。フォローアップ期は両クラスともベースライン期と同様にルールの説明と注意を実施した。また，介入クラスには「授業協力点」の終了が伝えられた。

したがって，対照クラスと介入クラスにおいて違っていたのは，介入期に「授業協力点」の手続きを実施していたかどうかという点のみであった。

3　結果と考察

図14-2に私語生起率の推移を示した。介入クラスはベースライン期に約70～100％の範囲で，介入期には約30～83％の範囲で私語が生起し，フォローアップ期の私語生起率は87％であった。対照クラスはベースライン期に約27～86％の範囲で，介入期は約59～100％の範囲で私語が生起し，フォローアップ期の私語生起率は83％であった。目視による分析をすると，ベースライン期は対照クラスより介入クラスのほうが私語の生起率が高かったが，介入期になると対照クラスの私語生起率が高くなり，介入クラスの私語生起率が低くなっている。また，グラフの高さ，変化の即時性，グラフの傾きを見てみると，介入クラスについてはベースライン期より介入期におけるグラフの高さが低くなっており，介入期に入った直後に生起率が急激に低減しており，ベースライン期で予測される介入期のグラフの傾きよりも実際の介入期のデータは改善し

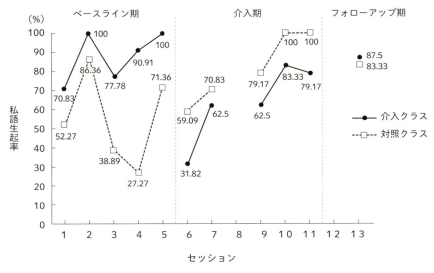

図 14-2　私語生起率の推移

ている。一方，対照クラスについては，ベースライン期より介入期におけるグラフの高さが高くなっており，ベースライン期と介入期に条件が変わった際もデータの値は大きく変わっておらず，ベースライン期から予測される介入期の傾きよりも実際の介入期のデータは悪化傾向にある。以上のことから，独立変数である介入と従属変数である私語生起率の間には機能的関係があることが推測される。

　この研究では ABA デザインを使用しているが，これは介入期における介入の効果が介入を終了した後も続くかどうか，すなわち介入の維持効果を検討するためであった。しかし，最終的にフォローアップ期で得られたデータの数が1つであったこと，介入期から私語の生起率が増加傾向にあり，フォローアップ期にもその傾向が続いていることから，介入の維持効果について結論を出すのは難しい。フォローアップ期のデータポイント数を増やしてさらに検討する必要があるだろう。また，第 7 章で述べたとおり，ABA デザインでは改善した行動をもとに戻した状態で終了してしまうため，データを収集する期間に余裕がある場合には ABAB デザインのほうが望ましい。

たばこの不適切投棄の改善

［産物記録法］［ABデザイン］［統計解析］［Tau-U］

　心理学において，たばこの問題は健康上のリスクファクターという観点からしばしば注目されるが，社会的には喫煙者の行動はマナーの問題として取りざたされることも多い。特にたばこの吸い殻のポイ捨て行動は社会的問題とされ，自治体や事業所によるさまざまなポイ捨て防止策が試みられている。本章では産物記録法を用いたタバコの不適切投棄の観察とそのデータを掲載したポスターによる大学校内でのポイ捨てへの介入実践を紹介する。

実例　データ付きポスター掲示によるたばこの不適切投棄の軽減効果（武部・佐藤，2016）

1　研究の目的

　武部・佐藤（2016）はたばこの吸い殻のポイ捨て行動を「たばこの不適切投棄」として定義したうえで，**行動コミュニティ心理学（behavior community psychology）**の視点に基づいて大学キャンパス内の喫煙所周辺におけるポイ捨て行動を改善することを目指した介入研究を実施した。武部・佐藤（2016）

で用いられた介入はポイ捨てされた吸い殻の数を掲載したポスターを喫煙所周辺に毎週掲示するだけの簡易的なものであったが，実際にポイ捨ての数が減少したことが明らかにされている。本章ではこの研究において用いられた観察法について解説する。

2　方法

(1) 観察のセッティング

大学キャンパス内に設置された喫煙所を事前調査し，たばこのポイ捨てが問題となっていた喫煙所2か所（それぞれ喫煙所Ⅰ，Ⅱとする）において観察を行なうこととした。2か所の喫煙所のうち，喫煙所Ⅰは大学の正門から最もアクセスがよい立地にあり，学内でも最も利用者が多いことが予測される喫煙所であった。喫煙所Ⅱは校舎の裏手の奥まった場所に設置されており，利用者は限定的であることが推測される喫煙所であった。

(2) たばこの不適切投棄の観察法

観察法には**産物記録法**を用いた（産物記録法については第2章を参照）。たばこの不適切投棄を行なっているのは不特定多数の喫煙者であるが，大学キャンパス内において多数の喫煙者の行動を一人ひとり観察することは現実的ではない。そこで，上記2か所の喫煙所が設置されている芝生区画内を観察範囲として設定し，この範囲に落ちているたばこの吸い殻をカウントすることで，たばこの不適切投棄を推定する指標と見なした。ただし，吸い殻は雨に濡れるなどするとバラバラに崩れてしまうことがあるため，フィルター1つを吸い殻1本と見なしてカウントした。

5〜12月にわたって，授業が実施されている火曜日の早朝にたばこの不適切投棄の観察を行なった。観察対象となった喫煙所は毎朝9時に清掃が入るため，午前8〜9時の間に観察範囲に落ちている吸い殻の数を測定した。

5〜10月の期間をベースライン期とし，11〜12月の期間を介入期とした。ベースライン期には上記の観察法に沿ってたばこの吸い殻のカウントのみを行なった。介入期にはデータ付きポスターの掲示を行なった（図15-1）。ポスターには過去3回の観察時に得られたたばこの吸い殻の本数の実測値を棒グラフ

で提示した。棒グラフのバーの背後には「あと一歩！！」「ありがとう」などのメッセージが隠されており，バーが長いとメッセージが部分的に隠れて読み取れないが，バーが短くなるとメッセージを読むことができるように工夫されている。すなわち，たばこの吸い殻の本数が少なければバーが短くなるため，メッセージを読める仕掛けになっている。ポス

図 15-1　喫煙所付近に掲示されたデータ付きポスター

ターの内容や行動コミュニティ心理学を用いた介入の詳細については，武部・佐藤（2016）を参照されたい。

3　結果と考察

(1)　データ解析

観察データの解析には，一事例実験デザインのためのデータ解析法であるパーカーら（Parker, Vannest, Davis, & Sauber, 2011）の **Tau-U** を用いている（一事例実験デザインのデータ解析と Tau-U については第 8 章を参照）。解析は喫煙所 I と喫煙所 II のそれぞれについて別に行なっている。

(2)　喫煙所 I におけるポスター掲示の効果

まず，ベースライン期における吸い殻の本数のトレンド（傾き）を明らかにするため，効果量（Tau）の算出と有意性検定を行なった。ベースライン期のトレンドは Tau = −0.23 であり，5 ％ 水準で有意ではなかった。Tau が負の値であるため，ベースライン期の中で見ると吸い殻の本数は徐々に減ってはいるが，統計的に意味のある変化ではなかった。個別の観察データを見れば 10 回めにおいて 201 本と突出して多い日があったり（この日は期末試験の当日だった），13 回めにおいて 30 本と少ない日もあったり（この日は前日が祝日だった）する。しかしながらトレンドが有意でなかったということは，全体を通じて多少の揺らぎはあれど特に増加傾向でも減少傾向でもなかったと統計的には判断

表 15-1　喫煙所Ⅰにおけるポイ捨てされた吸い殻の変化

ベースライン期	1	2	3	4	5	6	7	8	9	10	11	12	13	14	15	中央値
吸い殻の本数	76	92	131	58	110	82	107	98	53	201	50	54	30	47	80	80.0
介入期	16	17	18	19	20	21	22	23								中央値
吸い殻の本数	70	67	51	26	17	34	15	27								30.5

できる。

　同様に，介入期のトレンドについても効果量の算出と有意性検定を行なった。その結果，Tau = -0.64 であり，5％水準で有意であった。したがって，介入期の中で見れば吸い殻の本数は減少傾向にあったといえる。

　最後に，ベースライン期の吸い殻の本数の中央値を，介入期の中央値と比較した。その結果，Tau=-0.81 であり，1％水準で有意となった（この解析はベースライン期のトレンドを調整して行なわれている。喫煙所Ⅱについてもこれは同様である）。Tau は負の値であり，吸い殻の本数は介入期のほうがベースライン期よりも減少していたことがわかった。

(3) 喫煙所Ⅱにおけるポスター掲示の効果

　喫煙所Ⅱについても，喫煙所Ⅰと同様のデータ解析を実施した。喫煙所Ⅱは喫煙所Ⅰに比べて利用者数が少なく，ポイ捨てされた吸い殻の中央値で見ると半分以下であったが，Tau-U を用いた解析からは喫煙所Ⅰとほぼ同じ結論が得られた。

　ベースライン期のトレンドについては Tau = -0.23 であり，統計的に有意な効果量は得られなかった。喫煙所Ⅰに比べると日によってデータのばらつきはあまり大きくはないことが特徴的だった。

表 15-2　喫煙所Ⅱにおけるポイ捨てされた吸い殻の変化

ベースライン期	1	2	3	4	5	6	7	8	9	10	11	12	13	14	15	中央値
吸い殻の本数	39	33	34	38	34	42	29	35	32	45	38	26	34	24	32	34.0
介入期	16	17	18	19	20	21	22	23								中央値
吸い殻の本数	16	33	15	24	14	14	5	11								14.5

介入期のトレンドは Tau = −0.68 であり，5％水準で有意となった。喫煙所Ⅱでも介入期の間に吸い殻の本数が減少していることがわかった。

ベースライン期と介入期においてポイ捨てされた吸い殻の本数の中央値を比較すると，Tau = −0.90 となって1％水準で有意であった。すなわち，喫煙所Ⅱにおいても介入期のほうがベースライン期に比べてポイ捨てされた吸い殻の本数は少なくなっていることが示唆された。

4　まとめ

武部・佐藤（2016）の研究から，行動コミュニティ心理学に基づく介入が大学キャンパス内のたばこのポイ捨てを減少させることに有効であったことが推察される。ただし，この研究は実験デザインという視点から見ると，介入期の開始時点を2つの喫煙所間でずらしていないために「多層ベースラインデザイン」ではなく「AB デザインの繰り返し」であるといえる。多層ベースラインデザインに比べると，AB デザインは実験デザインとしての質は低く，結果の解釈には限界がある（ただ，喫煙所1つだけの AB デザインよりましではある）。同様の手続きによって，より良質な多層ベースラインデザインや ABAB デザインなどを用いた研究を行なうことによって，この研究の知見は確かめられる必要がある。

迷惑駐輪の減少

［産物記録法］［ABCADCA デザイン］［場面間多層ベースラインデザイン］

　放置禁止区域等に放置された自転車やバイクは，歩行者等の通行を困難にし，地域の景観を破壊している。また，交通事故を引き起こしたり，窃盗の標的となったり，窃取された車両がひったくりなどの犯罪で使用されたりする可能性もある。本章では，迷惑駐輪に関する研究のうち，ポスターと路面標示を利用して迷惑駐輪を減少させようとした沖中・嶋崎（2010）の研究を紹介する。

 不法駐輪に対する行動分析的アプローチ：データ付きポスターの掲示と駐輪禁止範囲明示の効果（沖中・嶋崎，2010）

1　研究の目的

　佐藤・武藤・松岡・馬場・若井（2001）は，身体障害者用の駐車スペースにおける違法駐車を対象とした研究（たとえば，Cope & Allred, 1991）の知見を応用して，点字ブロック周辺の**迷惑駐輪**を対象とした研究を行なった。これは，視覚障害者のための点字ブロック付近で迷惑駐輪が多い地点の付近に，迷惑駐輪台数の週ごとの推移を示すグラフを記載したポスターを設置し，その

効果を検討したものである。地点によってポスターの設置開始時期をずらす場面間多層ベースラインデザインを用いて効果を検討した結果，4地点で迷惑駐輪が減少した。その中でも大学職員によって路面標示も敷設された1地点においては，迷惑駐輪減少の効果が最も顕著に見られた。さらに路面標示のみ存在する時期でも迷惑駐輪の減少が見られたことから，路面標示のほうが効果的であった可能性も示唆された。ただし，研究期間内の自転車等の利用者数が測定されておらず，迷惑駐輪台数が特定の曜日および時間帯に測定されていたことで，測定日時といった剰余変数の影響も少なからずあったと考えられた。また，迷惑駐輪台数の推移を示した折れ線グラフ上に"Oh!! Excellent!!"（迷惑駐輪が減少した場合）あるいは"Caution!!"（迷惑駐輪が増加した場合）という英語のメッセージが書かれていたことや，折れ線グラフの縦軸のラベルがなくデータが示しているものがわかりづらかったことなどがポスターの効果を弱めていた可能性があった。

　沖中・嶋崎（2010）では，大学側から提供された自転車等の利用者数と研究対象とした範囲の迷惑駐輪台数の関連を検討し，迷惑駐輪台数の測定を毎日行なった。また，点字ブロックがない場所で効果を検討するとともに，ポスターの内容を変更して効果を再検討した。

2　方法
(1) 測定日時，場所および状況

　5〜12月までの間の授業実施期間中に測定された。具体的には，祝祭日を除く月曜日から金曜日までの11時, 13時, 15時5分, 16時45分, 18時30分であった。これらの時間帯は，2時限め（11時10分から開始），3時限め（13時30分から開始），4時限め（15時10分から開始），5時限め（16時50分から開始）の各授業開始前の休憩時間および5時限め終了時であった。なお，本研究開始前に予備的に駐輪台数を測定したところ，11時以前，19時以降の時間帯にはほとんど駐輪されておらず，測定の必要性はないと考えたため，上記の5つの時間帯に駐輪台数を測定した。1日に5つの時間帯でデータを測定することを1セッションとした。測定範囲は大学構内とその周辺にある大学の施設の間にある歩道（幅2m, 奥行き11m）であった。付近には正規の駐輪場が存在せず，

正規の駐輪場までは徒歩で約3分の時間を要する場所であった。駐輪車両が通行の妨げになっていることが問題となっており，大学側から駐輪禁止と既存の駐輪場の位置を示すチラシが車両に対して貼付されていた。迷惑駐輪車両に対するチラシの貼付は，祝祭日を除く月曜日から金曜日に行なわれており，1日に1回，同じ時間帯に行なわれていた。なお，キャンパス全体の駐輪台数のデータは大学側から提供を受けた。この台数は毎日1回，同じ時間帯に測定されていた。

(2) 観察対象および観察者

研究対象とした場所に駐輪された自転車およびバイクを観察した。駐輪された自転車およびバイクの所有者に関する詳細なプロフィールは不明であった。迷惑駐輪車両の観察は第1著者のみが行なった。

(3) 迷惑駐輪の定義

本研究を実施した歩道のうち観察者が定義した範囲に，自転車とバイクの車体の一部（前輪あるいは後輪など）が接地している場合を迷惑駐輪とした。

(4) 介入手続き

①**データ付きポスター**　佐藤ら（2001）を参考にして，A2サイズの**データ付きポスター**を作成し，研究を実施した歩道周辺に設置した。ポスターの背景は白地で，ポスター右上部の台数の増減を示す箇所には黄色い吹き出しをつけ目立つようにした。またポスター左上部には"Look!!"というメッセージを赤字で示し，ポスターに目を向けさせるようにした。さらにポスターの下段では，各セッションにおける最大駐輪台数の変化を示した折れ線グラフとそれに対応したメッセージが表示されていた。当該セッションの前々日から前日にかけて最大駐輪台数が増加した場合，あるいは増減がなかった場合は「迷惑駐輪増加！」というメッセージが赤い文字で表示され，減少した場合は「迷惑駐輪減少！」というメッセージが青い文字で表示された。また，ポスターを見た通行人に違和感を生じさせることのないように，データ付きポスターの横には大学側が貼付していたチラシをA2サイズに拡大したものも

設置した。
②路面標示　黄色の粘着テープで定義した駐輪禁止範囲を囲いその中に約40 cm間隔で斜線を描くようにテープを貼付した。

(5) 研究デザイン

　ベースライン期1，介入期1，介入期2，ベースライン期2，ベースライン期3，介入期3，介入期4，ベースライン期4の順に実施した。ベースライン期1，2，3，4では，データ付きポスターおよび路面標示が存在しない状態で，迷惑駐輪台数を測定した。介入期1ではデータ付きポスターを導入し，介入期3では路面標示のみ導入した。介入期2と介入期4ではデータ付きポスターおよび路面標示を導入した。ベースライン期1からベースライン期2までが前期の授業期間，ベースライン期3からベースライン期4までが後期の授業期間であり，ベースライン期2とベースライン期3の間は夏期休暇であった。各フェイズ内のセッション数については，できるかぎり同じ曜日が2セッションずつ含まれるように，また前期と後期ともに授業期間中に1回めのベースライン期から2回めのベースライン期までの流れが実施できるよう決定した。

3　結果と考察

　図16-1に迷惑駐輪台数の推移を示した。迷惑駐輪台数の変化を見ると，ベースライン期1からベースライン期2までの前期においては，ベースライン期1から介入期1にかけて迷惑駐輪台数の減少が見られ，次の介入期2ではさらに減少していることがわかる。そして，最後のベースライン期2では，再びベースライン期1の水準まで迷惑駐輪台数が増加していることがわかる。ベースライン期3からベースライン期4までの後期においては，介入期4において迷惑駐輪台数の変動が安定しているが，その

天候や気温などの諸条件も観察結果に影響する場合がある。必要ならばそれらも同時に記録する

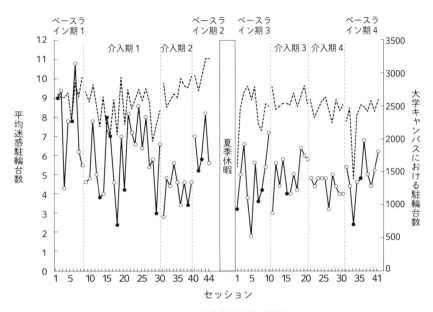

図 16-1　迷惑駐輪台数の推移
黒い円は降雨のあったセッションを示している。また，破線は大学キャンパス全体における駐輪台数を示している。

他のフェイズと比較して増加や減少といった傾向は見られない。また，全体的に降雨があったセッションは迷惑駐輪台数が減少していることがわかる。図16-1において破線で描かれた折れ線は研究期間中のキャンパス全体の自転車等の利用者数（迷惑駐輪も適切な駐輪も含む）を示しているが，本研究で対象とした範囲における迷惑駐輪台数の変化との関連は見られない。

前期のデータから，データ付きポスターと路面標示を併用するほうが点字ブロックのない場所における迷惑駐輪の防止に効果があることが確認され，データ付きポスターと路面標示の複合的な効果があったとする佐藤ら（2001）を支持する結果となった。また，後期のデータからも，データ付きポスターと路面標示を併用した介入期4で迷惑駐輪台数の変動が安定していることから，併用した効果があったことが示唆された。一方，研究期間においてキャンパス全体の自転車等の利用者数と研究対象とした範囲の迷惑駐輪台数の間に関連性は認

められず，対象とした迷惑駐輪台数の変化がキャンパス全体の自転車等利用者数の変化によって生じているわけではないことがわかった。

　研究で定義した駐輪禁止範囲では迷惑駐輪が減少したが，減少したぶんの車両が別の場所に移動した可能性がある。台数を測定していたわけではないが，本研究で設定した駐輪禁止範囲の周辺に車両が移動したことが複数名の通行人から報告されている。大学側から貼付されていたチラシには駐輪場の地図が示されていたが，駐輪場は迷惑駐輪の場所からは離れており，場所がわかりにくいことに加えて移動のコストがかかるという理由から，適切な駐輪がなされなかったと考えられる。今後は，どのようにして適切な駐輪行動を増加させていくかを同時に研究していくことが重要である。

　データ付きポスターと路面標示を併用することによって迷惑駐輪は減少したが，完全に防止することはできなかった。行動的産物である迷惑駐輪台数しか測定していないため，データ付きポスターや路面標示を見たときの自転車等利用者の行動は不明である。また，折れ線グラフの変化やメッセージを毎日同じ者が見ているという保証もない。そのため，データ付きポスターや路面標示が具体的にどのように行動に影響を及ぼしたのかについては今後の検討が必要である。

スイミングスクールにおける
ビート板整理行動の向上

[産物記録法] [ABAデザイン] [統計解析] [Tau-U]

水泳は子どもに人気の習い事で、小学生向けの調査でもランキング上位の常連である（たとえば、学研教育総合研究所, 2015）。スイミングスクールには多くの子どもたちが通い、多くは集団形式のクラスで指導を受けることになる。スイミングスクールの主要な目標は水泳技能の向上にあるが、集団での指導において水泳技能以外の指導が必要になることも多い。本章では、集団随伴性を応用した介入により、ビート板の後片づけ行動が向上した研究を紹介する。

 スイミングスクールにおける児童のビート板整理行動の変容①：集団随伴性を用いた介入の効果（佐藤・佐藤, 2013）

1 研究の目的

ある子ども向けスイミングスクールでは、子どもたちが使用したビート板の後片づけに頭を悩ませていた。クラスが終わった後、ビート板はもとの棚に

戻すことになっているが，子どもたちはビート板を棚に整理して戻さず，ぐちゃぐちゃに棚に詰め込んでいた（図17-1）。このクラスには47名が在籍していたが，度重なる指導にもかかわらずビート板の整理はなかなかうまくいかなかった。ビート板をきれいに整理して棚に入れることは面倒であり，手に持ったビート板を適当な

図17-1 整理せずに置かれたビート板

棚の隙間に手あたり次第に詰め込むほうが，子どもたちにとって手っ取り早いからだ。

佐藤・佐藤（2013）は**集団随伴性**を応用した介入によって，スイミングスクールにおける**ビート板整理行動**の改善に成功している。集団随伴性とは，集団内の個人や全員の特定の行動遂行に対して，集団全体に強化を与えるという応用行動分析の技術である。本章では佐藤・佐藤（2013）において介入の効果判定に用いられた観察法について解説する。

2 方法

(1) 観察のセッティング

研究が行なわれたのは，4～8歳の児童が通う民間スイミングスクールの通常指導クラスである。介入対象となったクラスには47名が在籍していたが，研究を実施していた期間は29～44名の児童が出席していた。クラスは週1回行なわれ，終了時にビート板を棚に片づけることになっていた。

(2) ビート板整理行動の観察法

産物記録法を用いた観察が行なわれた（産物記録法については第2章を参照）。本研究のためにビート板整理行動の操作的定義を設け，「ビート板の先を奥にし，垂直に立て，棚からはみ出さないように差し込むこと」をビート板整理行動とした。これ以外のやり方で置かれたビート板を「問題ビート板」と定

義して，問題ビート板の枚数をカウントした。加えて，問題ビート板の数は当日の出席者数によっても影響を受ける可能性があったため，出席者一人あたりの問題ビート板の枚数についても算出した。研究期間を通じた問題ビート板の枚数と，出席者一人あたりの問題ビート板の枚数を表17-1と表17-2に示す。

　観察を開始して最初の5回（セッション1〜5）をベースライン期とした。この期間は指導者が「きれいに片づけましょう」と口頭で伝えるだけであり，研究を始める前のクラスの実態と近い条件であった。

　セッション6〜12の7回は介入期として，集団随伴性を応用した介入を行なった。介入の内容は，クラス終了時に指導者が問題ビート板の枚数を数えて，その枚数が合計25枚未満であった場合には，指導者がクラス全員に向けて**言語的称賛**（たとえば，「今日はとてもきれいにビート板が片づいています！すごいですね！」など）を行ないながら，クラス全員で拍手をするという手続きであった（厳密には集団随伴性の中でも「相互依存型集団随伴性」と呼ばれる手続きである）。なお，実際には前述のとおり出席者の人数によって問題ビート板の枚数は変動しうるのだが，介入のシンプルさを優先して当初は25枚という基準は変えない方針であった。しかしながら，介入期に入って最初の回（セッション6）を除くと，問題ビート板の枚数はみるみるうちに減りはじめ，セッション7と8では2週続けて基準の25枚を下回ったため，セッション9からは基準をさらに下げて15枚とした。

　セッション13〜15の3回はフォローアップ期とし，ベースライン期と同じように口頭で「きれいに片づけましょう」と呼びかける対応に戻した。介入期とフォローアップ期の間には夏休みが挟まれており，フォローアップ期が始まる時点ですでに2か月間，介入が行なわれない期間があった。

3　結果と考察

(1) データ解析

　観察データの解析には，一事例実験デザインのデータ解析法であるTau-U (Parker, Vannest, Davis, & Sauber, 2011)を用いた（一事例実験デザインのデータ解析とTau-Uについては第8章を参照）。

(2) 問題ビート板の枚数の変化

ベースライン期における問題ビート板の枚数の中央値を，介入期における中央値と比較した（表17-1）。その結果，Tau = −0.91 であり，1％水準で有意であった（この分析では，比較した2つの時期のうち時間的に先行する時期のトレンドを統制している。以降の分析においてもこれは同様である）。Tau が負の値を示していることから，問題ビート板の枚数はベースライン期から介入期にかけて減少していることがわかる。

介入期とフォローアップ期の間で同様の比較を行なうと，Tau = 1.05 であり，5％水準で有意であった。Tau が正の値であることから，問題ビート板の枚数は介入期からフォローアップ期にかけて増加していることが読み取れる。

ただし，ベースライン期とフォローアップ期においても問題ビート板の枚数の中央値を比較したところ，Tau = −1.47 であり1％水準で有意であった。前述のとおりフォローアップ期では介入期と比べると問題ビート板の枚数が増えたものの，ベースライン期と比較してみると問題ビート板の枚数は依然として少ない状態が維持されているといえる。

表17-1　問題ビート板の枚数の変化

ベースライン期	1	2	3	4	5			中央値
ビート板の枚数	18	10	18	22	29			18.0
介入期	6	7	8	9	10	11	12	中央値
ビート板の枚数	28	11	3	0	1	0	0	1.0
フォローアップ期	13	14	15					中央値
ビート板の枚数	3	4	2					3.0

(3) 出席者一人あたりの問題ビート板の変化

問題ビート板の枚数は出席者の人数による影響を受けるため，出席者一人あたりの問題ビート板の枚数（表17-2）についても同様の分析を実施した。

ベースライン期と介入期の中央値を比較したところ，Tau = 0.94 であり1％水準で有意となった。介入期とフォローアップ期の比較では Tau = 1.05 となり5％水準で有意，ベースライン期とフォローアップ期の比較では Tau = −1.27 であり1％水準で有意という結果が得られた。効果量の数値に若干の変動は

表 17-2　出席者一人あたりの問題ビート板の枚数の変化

ベースライン期	1	2	3	4	5			中央値
ビート板の枚数	0.45	0.31	0.41	0.76	0.69			0.45
介入期	6	7	8	9	10	11	12	中央値
ビート板の枚数	0.67	0.26	0.07	0.00	0.03	0.00	0.00	0.03
フォローアップ期	13	14	15					中央値
ビート板の枚数	0.07	0.10	0.05					0.07

あるものの，導かれた結論はすべて問題ビート板の枚数をそのまま指標として用いた場合の分析結果とほぼ同じであったといえる。

4　まとめ

　佐藤・佐藤（2013）の研究から，集団随伴性に基づく介入はスイミングスクールにおける子どもたちのビート板整理行動の改善に有効であったと考えられる。夏休みを挟んだフォローアップの時点では，介入が行なわれた時期に比べるとやや効果が薄れてはいたものの，介入を開始する前の段階と比べると大きく改善した状態にあるといって差し支えない。介入期では問題ビート板の枚数が0枚という日もあり（図17-2），10～20枚ほどの問題ビート板が観察されたベースライン期と比較すると変化の大きさを実感することができる。

図 17-2　正しく整理されたビート板

ソフトテニス競技における
ファーストサービスの正確性の向上

［産物記録法］［対象者間多層ベースラインデザイン］［統計解析］［二項検定］

ソフトテニス競技においてファーストサージスのせいか規制を高めることは試合を有利に進めるうえで重要である

本章では，行動的産物としてソフトテニス競技のファーストサービスが入った回数を記録し，自己記録（self-recording）と目標設定（goal-setting）が正確性に与える効果を検討した沖中・嶋崎（2010）の研究を紹介する。

 自己記録と自己目標設定がソフトテニスのファーストサービスの正確性に及ぼす効果（沖中・嶋崎，2010）

1　研究の目的

自己記録は，個人が自分の行動の生起を記録あるいは指摘したりすることである（Polaha, Allem, & Studley, 2004）。セルフモニタリングとも呼ばれ，臨床場面だけでなく，スポーツ場面においても用いられている（たとえば，Polaha et al., 2004)。一方，**目標設定**とは，パフォーマンスの前にパフォーマンスの結果や基準を設定することである（Locke, 1968）。スポーツ場面で目標設定を用いて運動技能の改善を試みた研究（Brobst & Ward, 2002）から，目標を設定しないよりも目標を設定するほうが効果的であること，実験者が目標を設定しても対象者自身が目標を設定しても同様の効果が得られることが示されている。

自己記録のみでは自らの技能の水準を知ることができるだけであり，次の目標が明示されないと考えられる。しかし，自己記録に目標設定という手続きを加えることにより，目標が明示され，達成したか否かがはっきりとわかるため，自己記録単独で実施するよりも行動の変容をより促すと考えられる。沖中・嶋崎（2010）は，実際の練習場面でも実施しやすい方法を検討することを主眼としたため，自己記録に加えて対象者自身が目標設定を行なう自己目標設定という方法を用いた。

テニスの技能を対象として行動的介入の効果を検討したこれまでの研究にはサービスなどのフォーム改善を目的とした研究（Allison & Ayllon, 1980）がある。一方で，サービスの成否のような行動の産物を対象とした研究はない。また，サービス技能に対して自己記録や目標設定といった方法の効果を検討した研究もない。ソフトテニスの技能の中でも，各ポイントで2回許されているサービスのうち最初に打つサービス，すなわちファーストサービスの正確性を向上させることは，試合を有利に進めるうえで重要である。そのため本研究では，ソフトテニスにおけるファーストサービスを対象として，自己記録のみおよび自己記録と自己目標設定を組み合わせた方法の有効性を検討した。

2　方法

(1) 対象者

対象者（以下，P1，P2，P3およびP4とする）は，公立高校のソフトテニス部に所属する男性4名（年齢16～17歳）であった。研究開始当初の各対象者のソフトテニス経験年数は，P1が4年3か月，P2が1年3か月，P3が1年3か月，P4が3か月であった。各対象者のポジションは，P1とP4が後衛，P2とP3が前衛であった。なお，対象者および部活動の指導者からは書面により研究参加への同意を得た。

(2) 場面

同校のテニスコートにて本研究を行なった。コートの大きさは公式の規定どおりであった。対象者はコートのベースラインの外に位置し，センターラインの右側から左側のサービスコート（以下，クロスコースとする），左側から右側のサービスコート（以下，逆クロスコースとする）にサービスを打った。観察者はネットを挟んで対象者の向かい側に立ち，サービスの成否を記録した。

(3) 手続き

対象者間多層ベースラインデザインを使用した。ベースライン期，自己記録期，自己記録および自己目標設定期の3つのフェイズを，各対象者に順次導入した。また，すべてのフェイズ終了後に，**ファーストサービスの正確性**が維持されているかを検討するため，フォローアップ期を全対象者同時に実施した。新たなフェイズは，成功率の変動がある程度安定したと判断した時点，あるいは指導上の理由によりフェイズを変更する必要があると判断した時点で開始した。なお，P4は他の対象者よりも経験年数が短かったため，指導上ベースライン期をより長くした。独立変数は自己記録と自己目標設定であり，従属変数はファーストサービスの成功率（以下，サービス成功率）であった。成功率は，20球（クロスコースおよび逆クロスコースで各10球）のサービスに対してサービスコートにサービスが入った本数の割合とした。また20球のサービスを打つことを1セッションとした。ベースライン期では，各対象者の介入開始前のサービス成功率を記録した。自己記録期では，記録用紙を各対象者に配布し，セッションごとにサービスが入った回数を記録することを求めた。自己目標設定期では目標設定用の記録用紙を各対象者に配布した。セッションごとに記録用紙にサービスが入った回数を記録することに加え，各対象者が自ら決めたサービスの目標成功回数をセッション開始時に記録することを求めた。フォローアップ期では手続きをベースライン期の手続きに再び戻し，サービス成功率を記録した。

3 結果と考察

図18-1には各対象者のファーストサービス成功率（%）の推移を示した。

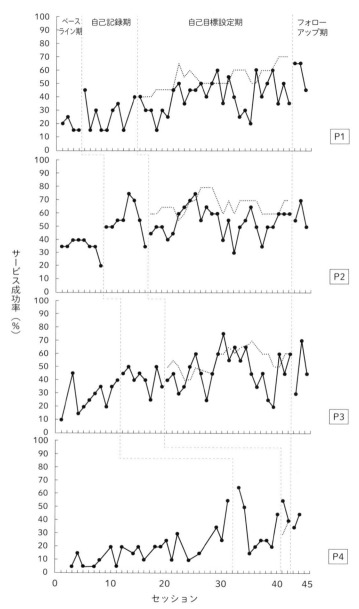

図 18-1　対象者 4 名の各期におけるファーストサービス成功率の推移
破線は各対象者が設定した目標回数を示している。

中央分割法（Kazdin, 1984）および**二項検定**を用いて分析した結果，P1とP2でベースライン期と比較して自己記録期と自己目標設定期それぞれにおいて成功率の有意な上昇が確認され，それぞれの介入の効果が確認された（$p < .05$）。しかし，自己記録期から自己目標設定期にかけて成功率の有意な上昇は確認されなかった。P3およびP4では，自己記録と自己目標設定のどちらの効果も確認されなかった。

　P1およびP2において自己記録期から自己目標設定期にかけてファーストサービス成功率の向上が見られなかった理由として，目標設定の方法を特に指定せず対象者自身に目標設定の方法を決定させたため，自らの技能水準に適した目標を設定できなかった可能性が考えられる。たとえば，達成が難しい目標を設定し続けたために，目標を達成することがなく正確性が向上しなかったということが考えられる。P3とP4で効果が確認されなかった理由として以下の理由が考えられる。まず，P3で介入の効果が見られなかった理由として，記録あるいは目標設定を開始してもサービスの球速が減少しなかったことがあげられる。具体的には，サービスの成否の記録とは別にスピードガンを用いて測定したサービス時の球速が，P3では他の対象者よりも速く，成功率を高めるためには球速を抑制する必要があったにもかかわらず，記録や目標設定を実施しても球速を抑制することができなかったということである。そのためにファーストサービスの成功率が変化しなかったと考えられる。P4で介入の効果が見られなかった理由としては，競技経験年数が3か月と短かったため，行動の産物を記録したり，目標を設定したりするだけではなく，サービスフォームの改善も必要であったということが考えられる。本研究では実際の練習場面において対象者自身が利用しやすい方法を導入することを重視していたため，サービスフォームのチェックリストの作成や記録など普段の練習場面に導入しにくい方法は実施しなかった。しかしサービスフォームがしっかりと定着している対象者に対しては，自己記録や目標設定という方法を導入することで目標の達成状況が明確になり，目標を達成できたかどうかがサービスの正確性に影響を及ぼした可能性があり，サービスフォームがあまり定着していない対象者に対しては，自己記録や目標設定といった方法のみではサービスフォームを定着させることは難しく，正確性も向上しにくかった可能性がある。サービ

フォームが定着していない対象者に対しては，サービスフォームのチェックリスト，技能水準が高い選手のサービスフォームを模倣させる方法や，ボールのトスの仕方や腕の動かし方といった細かい動きから徐々に行動を形成していく方法などを用いて，より正確性を高められるようなサービスフォームを獲得させることも必要であると考えられる。

　本研究では40〜50％程度までしかファーストサービスの成功率は向上しなかった。今後はサービス成功率の向上に加え，細かいコースの打ち分けや球速といった，ファーストサービスの質の向上を目的とした介入方法を開発していくことも必要だと考えられる。

活動理論に基づく
新人看護師研修の創造と分析

[アクションリサーチ]

本章では,病院での意思決定過程に注目し,その従来のあり方を変えるべく,外部の研究者と現場の看護師とが共同で,新しい知識の創造を行なう場をデザインした実践を紹介する。この研究では,アクションリサーチ(第5章参照)を用いている。本章の事例から,どのような場をどう設計し,どう研究として分析していくかを見ていこう。

実例　「越境的対話」を通した新人看護師教育システムの協働的な知識創造:活動理論に基づくアクションリサーチと対話過程の分析(香川・澁谷・三谷・中岡,2016)

1　研究の目的

一般的な職場では,トップダウン的に意思決定が行なわれ,それを現場に指示していくケースが少なくない。また,職場では,複数の部署や部門に分かれ,

それぞれが別々に職務を遂行するがゆえに，互いの視点や情報を交換する機会が意外に少ないケースもある。

本研究（香川ら，2016）で取り上げるA病院でも，それまで，新人看護師に対して毎年行なわれる研修のやり方が，現場の声を吸い上げたうえではあるが，最終的には看護部長，看護副部長といった管理職者主導で決定され，その方針に即して新人の指導にあたる現場の看護師らが研修に取り組んでいた。しかし毎年改善を重ねているにもかかわらず，指導担当の看護師たちから，研修方法に対して不満の声が届いてしまう。現場側も方針の「受け手」になってしまい，自ら主体的に課題を乗り越える新しい提案を創造することがなかなか難しかった。さらに，研修は部署ごと（内科，外科等の複数の病棟）に行なわれ，異部署の現場の看護師らの声を結集させて研修の改善に結びつけていく十分な機会がなかった。

そこで，筆者ら外部の研究者らの関与と発案を契機に，各病棟（内科，外科等の数部署）の指導者が集まり，彼（女）らの現場感覚を直接生かして，新しい研修方法の創造を試みる対話の場をつくることになった。その結果，現場の指導者ならではの声が盛り込まれた新しい研修方法がつくられ実行にまでいたった。

本章では，いかなるプロセスを経てこのアクションリサーチが進められていったのか，新たな研修方法はどのようなミクロな対話プロセスをとおして創造されていったのか，筆者らの論文をもとに解説する。

【研究1：事前調査】

2　方法
最初に，事前調査として，A病院における新人教育環境を把握するため，管理職者と現場の指導者らに主にインタビュー調査を行ない，発話内容を整理した。

3　結果と考察
それにより，まずA病院の研修方法を把握した。A病院では，毎年新人に

対して，4月に講義・演習形式での集合研修（OFF-JT）を2週間程度実施し，その後，OJTとして基礎的なマナーや知識やスキルを学ぶ。その後，OJTとして，実際に病棟に出て看護業務の一部に参加する。このOJTでは「ローテーション研修（以下，R研修）」というシステムが採用されている。A病院のR研修では，内科や外科等の7部署すべてを，1病棟につき1週間～2か月ずつ回り，希望の配属先を提出する。R研修は，新人が一通り病棟を経験してから正式な配属先を希望できる仕組みとなっているため，新人にとって職場適応に際しての安心材料となっており，A病院執行部はこれを新人教育の目玉としている。実際このシステムがあることで就職を希望する新人が少なくない。

　しかし，こうした研修方法について，特にR研修の期間をめぐって，問題が発生していることがわかった。たとえば，ある年は1病棟につき1～2か月という長期だったが，現場の不満を受けて，翌年は2週間部署と1か月部署の混合にした。しかしさらに不満の声があり，そのさらに翌年は1週間の短期に変わった。このようなことに関して，①管理職者側は，現場の声をきちんとふまえたうえで方針を決めているはずだと感じている一方で，現場側は声が反映されず，自分たちはあくまで「上が決めた方針に従う主体」であると位置づけていた。また，②異部署間での現場の指導者による会合は存在していたが，その場はあくまで「個々の新人に対する指導内容の報告や指導の仕方の検討」が中心で，研修のシステム自体を検討する場にはなっていなかった。

　研究者らは，この事前調査の結果を，活動理論という社会構成主義の理論的視点――第5章で述べたエンゲストローム（Engeström, 1987）らが提唱した理論枠組み――を活用しつつ，次のように省察した。

　第1に，管理職者と指導者の関係性の構造を図式化すると，「管理職者による研修方針の決定→指導者らの不満→管理職者による研修方法の修正と指示→現場の不満」というやりとりがパターン化しており，それまでのように管理職者が研修方法を調整・改善していく「小さな変化」には限界があると考えた。そこで，研修案を生み出し実行する土台となっているこのパターンを崩し新しいものに変えていく「大きな変化（組織の意思決定過程の変革）」が必要と考えた。

　第2に，現場の指導者が，それまでの「上が決めた方針に従う主体」として

ではなく，自ら新しいシステムや研修の意味を創造し組織をよりよいものに創り変えていく主体へ，つまり「変化の担い手」へと主体性を変革していく機会をつくることで，この「大きな変化」につながりうるのではないかと考えた。また，管理職者にとっても，現場指導者の創造性を開発し，ともに実現に向けて活動するコラボレータとしてかかわる機会が必要と考えた。

第3に，異病棟の指導者が集まる機会はあったが，指導方法の微調整といった「小さな変化」を志向した会合であったため，異部署間が集まり創造的に対話する機会を新たに設置する必要があると考えた。

なお，以上のような点は，理論を活用しないと自覚的に把握し省察しづらいものでもある。むろん，優れた実践家は理論を介さずとも理論に通底する解釈を行なう場合もあるし，理論が先行しすぎればかえって現象の見え方やかかわり方を制約する場合があるため，同時に理論自体も批判的に検討していく必要もある。また，現場に対しては，専門用語や抽象的言語のみを頻発しすぎることがないよう，現場の事象と絡めて具体的に伝えるなどの工夫も必要である。逆に現場の人が使う専門用語やローカル用語は，質問や勉強などによって理解していく必要があり，基本的には双方の歩み寄りが大事になる。

こうして次のプロジェクトが企画された。

【研究Ⅱ：実践の開発】

1　プロジェクトの概要

研究Ⅰで大まかな実践のコンセプトを決定したうえで，具体的に行なうプロジェクトをプランニングし，次のプロセスで実施した。

第1ステップとして，各部署の指導担当看護師が集まり，5名の先輩チームと10名の後輩チームとに分かれ，それぞれがオリジナルの新・新人研修システムを考案する「対話セッション」を各チーム3～4回（計9回）行なった。次に第2ステップとして，各チームが考案した研修案を看護部長，副部長や看護師長らの前で発表し意見交換を行なう「合同発表会」を行なった。そして，第3ステップとして，先輩チームと後輩チームの代表者数名，副看護部長，看護師長代表者が集まり，各チームの案を統合し，細部を詰める「統合セッショ

ン」を行なった。いずれの会も看護学の研究者数名と心理学者1名とがファシリテータ兼リサーチャーとして参加し，司会進行や書記，時に部外者の立場から提案も行ないつつ，セッションや発表会はすべて録画・録音しつつ，PCにてやりとりを記録した。記録をもとに資料を研究者が毎回作成し，対象者に配布して対話の素材として活用した。

2　プロジェクトの結果

　本実践をとおして，非常にさまざまなアイデアが誕生したが，特にA病院固有の新しいシステムとして，「2段階ローテーション（以下，2段階R）」と呼ばれる研修方法が考案された点と，その考案過程でセッションにおける対話の質ないし，集団に変化が生じていった点が特徴的だった。

　いわゆる実践報告であれば，実践の概要と，こうしたアイデアが生まれた，という結果のみの報告にとどまる傾向があるが，そうして開発や創造は「ひとたび成立すればブラックボックス化」（上野・土橋，2006）してしまうため，アクションリサーチとしては，こうしたアイデアがいかなる異部署の看護師同士，あるいは，研究者と現場とのやりとりをとおして創造されていったかのプロセスを分析し可視化することが大事である。この研究では，この2段階ローテという新たなアイデアのミクロな発生過程を会話分析の手法を用いて明らかにした。分析結果の一部を下記で紹介する。

【研究Ⅲ：対話過程の分析】

1　方法

　すべてのセッションについてビデオカメラとICレコーダによる録画・録音をA病院の対象者に許可を得て行なった。そしてそのように収集されたデータに対し，2段階Rというアイデアが最初に生まれた，先輩グループの2回めの対話セッションに焦点を当て，知が創造されるミクロな対話過程を，活動理論の概念や会話・談話分析（Engeström, Engeström, & Kerosuo, 2003；前田・水川・岡田，2007）の手法を用いて分析した。

2 結果と考察

対話は即興的に行なわれ，プランニングしたものではなかったが，分析により，対話過程にはいくつか節目があり，相互行為の特徴が徐々に変化していく中で，しだいに新たな知が生まれていったことがわかった。

その対話のプロセスとは，大きく分けて次の3つの段階からなることが明らかになった。それは，①ファシリテータ（F，研究者）が過去の研修に関する内容や思いについてたずねる発問をし，看護師（N）が自らの経験をふまえてそれに回答していくというやりとり，②次年度（未来）に実施すべき研修方法について発言するが，過去経験したことのある研修のやり方にこだわってしまい，新しい方法の提案にまでいたらないやりとり，③自分たちの過去の経験を活用しながらも，自分たちがまだ経験したことのない新しい方法を創造するやりとりである（ただし，実際の論文では8段階と，より細かく分割されているので，参照してほしい）。

ここでは，②のやりとりと，②から③に移行する瞬間を見てみよう。まず②では，次のように，過去の自分たちの経験から，次年度の研修期間を提案する発話が続く。

事例（セッション開始から30分50秒）

1 N2：それは，（次年度の研修期間は何週間くらいが）いいと思いますか，というのは，個人的な思いとしてのことですか。それとも。

2 N1：病院の経営も含めて。
　　　　　　⋮

3 N3：うちの科からすると，スタッフのことを考えると，1週間がとても負担が少ないです。…できれば短いほうが周りのスタッフにとっては助かります。

4 F1：スタッフですね。

5 N3：ただ，ローテーション回る人からすると，ちょっと物足りないなという意見は何か聞きました。

6 F3：新人側ということですか。

7 N3：新人側。

F1：心理学者，F2〜3：看護学者，N1〜3：病院の看護師（新人指導担当）

この種の段階でのやりとりでは，「1か月が良いのでは」，「いやそれでは病

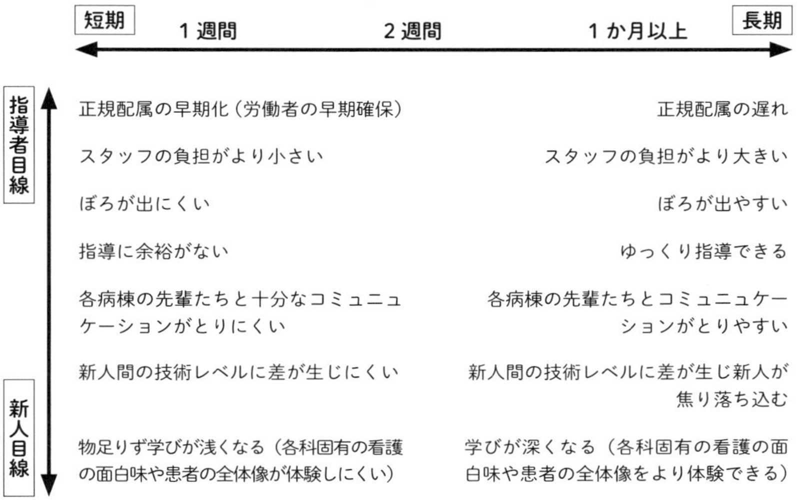

	短期			長期
	1週間	2週間	1か月以上	

指導者目線

- 正規配属の早期化（労働者の早期確保） ／ 正規配属の遅れ
- スタッフの負担がより小さい ／ スタッフの負担がより大きい
- ぼろが出にくい ／ ぼろが出やすい
- 指導に余裕がない ／ ゆっくり指導できる
- 各病棟の先輩たちと十分なコミュニケーションがとりにくい ／ 各病棟の先輩たちとコミュニケーションがとりやすい
- 新人間の技術レベルに差が生じにくい ／ 新人間の技術レベルに差が生じ新人が焦り落ち込む
- 物足りず学びが浅くなる（各科固有の看護の面白味や患者の全体像が体験しにくい） ／ 学びが深くなる（各科固有の看護の面白味や患者の全体像をより体験できる）

新人目線

図19-1　ローテーション研修期間の可視化された諸矛盾

棟の負担が大きい」，「では1週間が良いのでは」，「いやそれでは短くて新人がコミュニケーションがとれない」のように，看護師（N）たちは，「過去実施し，すでに経験のある研修期間の中から選択」しようとして，一方をとれば他方の問題を抱えるという，喩えれば「矛盾のシーソーゲーム」に陥る。ここでは，確かに未来の選択を志向するが，あくまで過去の既体験の方法からの選択を試みる点で，依然，既生起の過去へ粘着するかたちで対象に向かう。しかし，そうしたプロセスを経るからこそ，図19-1のように，過去の方法ではどれも矛盾を抱えることがこの対話グループの間で共有されていくことにもなっている。

こうした中，②から③への移行に相当する次のやりとりが発生する。

事例（セッション開始から56分10秒）
1　F3：どうしましょうね。
2　F2：結論を。

> 3 F1：えっと，たとえばですね，ちょっと別の案ですけれども，ステップ制，たとえば2週間なら2週間というふうにして，この後，仮の配属先を決めて，仮というか正式なんですけれども。1か月ぐらいその病棟で体験してもらって，その1か月後に，やっぱり別の病院に，ここに移りたいとかといったときに，もう一度異動届というか，そういう希望が聞けるとか，そういう何か2ステップとかだといかがですか。たとえばですけど。
> 4 N3：きついと思います（笑）
> 5 N1：多分ね，人間関係崩れますね（笑）
> 6 N4：うん，怖い（笑）
> 7 N3：これはきついな（笑）
> 8 N1：あの子，あの病棟，嫌なんだって（笑）

　これは外部の研究者が，この諸矛盾を乗り越えるような別の視点を示すべく，これまでとは異なる案を提案したものであった。しかし，看護師たちからはナンセンスといっせいに笑われ拒否され，いったんはそのまま立ち消えた。そして，再び矛盾の袋小路に入ってしまう。

　そうした後に，再度F1が次の1のように発言したところ，今度は，初めて看護師側からこれまで自分たちが経験したことのないアイデア（病棟留学）が示され，他の看護師からも4のようにそれに賛同する発話が続いた。そして，その後は看護師たちが次々と新しいアイデアを提案するようになり，1週間ずつ各病棟をまわったのちに，もう1週間ずつ，自分がもう一度参加したい部署と，教育担当者がその新人に適しているであろう推薦部署とを回るという「2段階R」へと発展していった。

> 事例（セッション開始から1時間3分57秒）
> 1 F1：…さっき言った2ステップの話は，あくまで一つの話なので，それに今までやったことのないことも含めて，こういうかたちでやってみたらどうかという，そういう何かご提案とかあれば，今までの話をふまえて，メリットとデメリットをうまく潰して生かすというかたちで考えるとしたら，どんな期間がよさそうですかね。
> 2 N2：でも，技術のことは簡単だと思うんだよね。別に配属になってからでも，病棟留学させたらいいことだから。
> 3 F3：病棟留学。
> 4 N3：それ，してみたいんだけど。

```
5  N2：特にオペ場なんか。
6  N3：オペ場にどんどん来て，技術習得ができること。
```

　このように，看護師らは「過去の経験の束縛」から自らを解放していき，「未経験の案の創造」というフェイズにこの集団全体が移行・発達することをとおして，新案が誕生した。外部者であり異分野の心理学者という，看護領域やA病院の歴史性からは外れた人間であるがゆえに（また，矛盾を乗り越える視点の創造という，活動理論の弁証法的な考えも意識しての発案），それまでの発想の仕方とは異なる案を示し，それが契機になったといえる。

【研究の補足：アクションリサーチの背景説明】

1　リサーチ・クエスチョン設定までの流れ

　第5章では，アクションリサーチではリサーチ・クエスチョンの設定が重要であり，そのうえで方法を選択することの重要性を述べたが，本研究におけるその実際のプロセスについて述べておく。

　プロジェクト開始前では，研究者は，「A病院の異部署の看護師と研究者とが共同で，新しい新人看護師研修をデザインしていく過程において，そのミクロな相互行為にどのような変化が見られるか」というリサーチ・クエスチョンを掲げており，録画や録音を進めた。そして，この2段階Rの案が生まれる対話過程に参加し観察する中で，この対話が，「外部の研究者と現場の指導者と，そして看護師同士の共同をとおして，それまでの矛盾の創造的な突破（ブレイクスルー）が起こっていった集団的発達の過程」であり，「それまでの経験に縛られていた状態から，新しい案を創造していく能動的主体性の芽が発生した瞬間（を含む過程）」ととらえ，そうした変化過程を明らかにすることを最終的なリサーチ・クエスチョンとした。

2　分析方法の決定

　こうして，ミクロな相互行為の特徴を明らかにするのに適したものとして，

会話・談話分析の手法を採用し分析したが，実際には，リサーチ・クエスチョンが定まってからこれを選定したわけではなく，データ収集前から，選択する可能性のある方法のうち主要なものと考えていた。ただし，最終決定したのはやはりリサーチ・クエスチョン決定後である。

　このように，分析方法を研究前から想定することで，収集するデータの種類を定めることができ，逆に設問を考えるのにも役立つ。ただし，決め込んでしまうと別の可能性を閉ざしてしまう。また，特に初めて論文を書く人は，実際には，現場での実践と並行して，あるいは実践後に採用する方法について勉強を進めるケースもあるだろう。可能ならば，後で困らないよう，面接データや会話データ等，いくつかの種類のデータを収集しながら，複数の方法の可能性を担保しておくとよいかもしれない。なお，本研究では他にも，新人看護師へのインタビューや，セッションごとの質問紙調査とその数量的分析も行なったりしている。実際に論文として最終的に記載されるのはその一部かもしれないが，関連しうるデータはできるだけ収集し，それらを分析の背景として活用することも大事である。

　アクションリサーチに終わりはない。何年も継続して現場にかかわる場合もあれば，一度期間をおいて再び調査をしたり共同したりする場合もあろう。また，一度分析した後に，しばらくして同じ実践に対し，別の角度（リサーチ・クエスチョン）や方法や理論的視点から分析する可能性が現われる場合もある。それぞれの読者が思う，面白いアクションとリサーチのあり方をぜひ探求し続けてほしい。

第 1 章

Bijou, S. W., Peterson, R. F., & Ault, M. H. (1968). A method to integrate descriptive and experimental field studies at the level of data and empirical concepts. *Journal of Applied Behavior Analysis*, 1, 175-191.

Cooper, J. O., Heron, T. E., & Heward, W. L. (2007). *Applied behavior analysis* (2nd ed.). Upper Saddle River, NJ: Pearson Education.（クーパー, J. O.・ヘロン, T. E.・ヒューワード, W. L.　中野良顯（訳）(2013). 応用行動分析学　明石書店）

Ervin, R. A., Radford, P. M., Bertsch, K., Piper, A. L., Ehrhardt, K. E., & Poling, A. (2001). A descriptive analysis and critique of the empirical literature on school-based functional assessment. *School Psychology Review*, 30, 193-210.

Goetz, E. M., & Baer, D. M. (1973). Social control of form diversity and the emergence of new forms in children's blockbuilding. *Journal of Applied Behavior Analysis*, 6, 209-217.

南風原朝和 (2001). 準実験と単一事例実験　南風原朝和・市川伸一・下山晴彦（編）心理学研究法入門：調査・実験から実践まで（pp. 123-152）　東京大学出版会

南風原朝和・市川伸一 (2001). 実験の論理と方法　南風原朝和・市川伸一・下山晴彦（編）心理学研究法入門：調査・実験から実践まで（pp. 93-122）　東京大学出版会

Horner, R. H. (1994). Functional assessment: Contributions and future directions. *Journal of Applied Behavior Analysis*, 27, 401-404.

Miltenberger, R. G. (2001). *Behavior modification: principles and procedures* (2nd ed.). Belmont, CA: Wadsworth.（ミルテンバーガー, R. G.　園山繁樹・野呂文行・渡部匡隆・大石幸二（訳）(2006). 行動変容法入門　二瓶社）

中澤 潤 (1997). 人間行動の理解と観察法　中澤 潤・大野木裕明・南 博文（編）心理学マニュアル観察法 (pp. 1-12)　北大路書房

小野浩一 (2005). 行動の基礎：豊かな人間理解のために　培風館

大対香奈子・野田 航・横山晃子・松見淳子 (2005). 小学 1 年生児童に対する学習時の姿勢改善のための介入パッケージの効果：学級単位での行動的アプローチの応用　行動分析学研究, 20, 28-39.

坂上裕子 (2012). 観察法：量的・質的調査研究　村井潤一郎（編）Progress & Application 心理学研究法 (pp. 81-114)　サイエンス社

澤田英三・南 博文 (2001). 質的調査：観察・面接・フィールドワーク　南風原朝和・市川伸一・下山晴彦（編）心理学研究法入門：調査・実験から実践まで (pp. 19-62)　東京大学出版会

Skinner, B. F. (1953). *Science and human behavior*. New York: Macmillan.（スキナー, B. F.　河合伊六・長谷川芳典・高山 巖・藤田継道・園田順一・平川忠敏・杉若弘子・藤本光孝・望月 昭・大河内浩

人・関口由香（訳）(2003). 科学と人間行動　二瓶社）
Sugai, G., & Horner, R. H. (2008). Defining and describing schoolwide positive behavior support. In W. Sailor, G. Dunlap, G. Sugai, & R. Horner (Eds.). *Handbook of Positive Behavior Support* (pp. 307-326). New York: Springer.

第 2 章

Alberto, P. A., & Troutman, A. C. (1999). *Applied behavior analysis for teachers* (5th ed.). Upper Saddle River, NJ: Prentice-Hall. （アルバート，P. A.・トルートマン，A. C.　佐久間 徹・谷 晋二・大野裕史（訳）(2004). はじめての応用行動分析　第 2 版　二瓶社）
Gresham, F. M., Watson, T. S., & Skinner, C. H. (2001). Functional behavioral assessment: Principles, procedures, and future directions. *School Psychology Review*, *30*, 156-172.
Jones, K. M., Swearer, S. M., & Friman, P. C. (1997). Relax and try this instead: Abbreviated habit reversal for maladaptive self-biting. *Journal of Applied Behavior Analysis*, *30*, 697-699.
Kostewicz, D. E., King, S. A., Datchuk, S. M., & Brennan, K. M. (2016). Data collection and measurement assessment in behavioral research: 1958-2013. *Behavior Analysis: Research and Practice*, *16*, 19-33.
LeBlanc, L A., Raetz, P. B., Sellers, T. P., & Carr, J. E. (2016). A proposed model for selecting measurement procedures for the assessment and treatment of problem behavior. *Behavior Analysis in Practice*, *9*, 77-83.
Miller, N. D., Meindl, J. M., & Caradine, M. (2016). The effects of bin proximity and visual prompts on recycling in a university building. *Behavioral and Social Issues*, *25*, 4-10.
Porritt, M., Burt, A., & Poling, A. (2006). Increasing fiction writers' productivity through an internet-based intervention. *Journal of Applied Behavior Analysis*, *39*, 393-397.

第 3 章

Alberto, P. A., & Troutman, A. C. (1999). *Applied behavior analysis for teachers* (5th ed.). Upper Saddle River, NJ: Prentice-Hall. （アルバート，P. A.・トルートマン，A. C.　佐久間 徹・谷 晋二・大野裕史（訳）(2004). はじめての応用行動分析　第 2 版　二瓶社）
Cooper, J. O., Heron, T. E., & Heward, W. L. (2007). *Applied behavior analysis* (2nd ed.). Upper Saddle River, NJ: Pearson Education. （クーパー，J. O.・ヘロン，T. E.・ヒューワード，W. L.　中野良顯（訳）(2013). 応用行動分析学　明石書店）
南原風朝和・市川伸一・下山晴彦（編）(2001). 心理学研究法入門：調査・実験から実践まで　東京大学出版会
Hall, R. V., Lund, D., & Jackson, D. (1968). Effects of teacher attention on study behavior. *Journal of Applied Behavior Analysis*, *1*, 1-12.
Hanley, G. P., Tiger, J. H., Ingvarsson, E. T., & Cammilleri, A. P. (2009). Influencing preschooler's free-play activity preferences: An evaluation of satiation and embedded reinforcement. *Journal of Applied Behavior Analysis*, *42*, 33-41.
Iwata, B. A., Dorsey, M. F., Slifer, K. J., Bauman, K. E., & Richman, G. S. (1994). Toward a functional analysis of self-injury. *Journal of Applied Behavior Analysis*, *27*, 197-209.
Kubany, E. S., & Sloggett, B. B. (1973). Coding procedure for teachers. *Journal of Applied Behavior Analysis*,

6, 339-344.
松本明生・大河内浩人 (2003). 列車到着間隔と乗車行動：日常行動の分析　行動分析学研究, 18, 38-44.
Miltenberger, R. G. (2001). *Behavior modification: principles and procedures* (2nd ed.). Belmont, CA: Wadsworth.（ミルテンバーガー，R. G.　園山繁樹・野呂文行・渡部匡隆・大石幸二（訳）(2006). 行動変容法入門　二瓶社）
太田　研・齋藤正樹 (2014). 自閉症スペクトラム障害のある生徒の独語行動の減少に及ぼす教示と自己記録の効果　行動分析学研究, 28, 82-93.
田中善大・鈴木康啓・嶋崎恒雄・松見淳子 (2010). 通常学級における集団随伴性を用いた介入パッケージが授業妨害行動に及ぼす効果の検討：介入パッケージの構成要素分析を通して　行動分析学研究, 24, 30-42.

第 4 章

Alberto, P. A., & Troutman, A. C. (1999). *Applied behavior analysis for teachers* (5th ed.). Upper Saddle River, NJ: Prentice-Hall.（アルバート，P. A.・トルートマン，A. C.　佐久間　徹・谷　晋二・大野裕史（訳）(2004). はじめての応用行動分析　第 2 版　二瓶社）
遠藤佑一・大久保賢一・五味洋一・野口美幸・高橋尚美・竹井清香・高橋恵美・野呂文行 (2008). 小学校の清掃場面における相互依存型集団随伴性の適用：学級規模介入の効果と社会的妥当性の検討　行動分析学研究, 22, 17-30.
南風原朝和・市川伸一・下山晴彦（編）(2001). 心理学研究法入門：調査・実験から実践まで　東京大学出版会
Hart, B. M., Allen, K. E., Buell, J. S., Harris, F. R., & Wolf, M. M (1964). Effects of social reinforcement on operant crying. *Journal of Experimental Child Psychology*, 1, 145-153.
長谷川芳典 (1990). 3 歳児における漢字熟語の読みと生成　行動分析学研究, 4, 1-18.
畠山美穂・山崎　晃 (2002). 自由遊び場面における幼児の攻撃行動の観察研究：攻撃のタイプと性・仲間グループ内地位との関連　発達心理学研究, 13, 252-260.
倉持清美 (1992). 幼稚園の中のものをめぐる子ども同士のいざこざ：いざこざで使用される方略と子ども同士の関係　発達心理学研究, 3, 1-8.
Miltenberger, R. G. (2001). *Behavior modification: principles and procedures* (2nd ed.). Belmont, CA: Wadsworth.（ミルテンバーガー，R. G.　園山繁樹・野呂文行・渡部匡隆・大石幸二（訳）(2006). 行動変容法入門　二瓶社）
Miltenberger, R. G., Rapp, J.T., & Long, E. S. (1999). A low-tech method for conducting real-time recording. *Journal of Applied Behavior Analysis*, 32, 119-120.
Mudford, O. C., Taylor, S. A., & Martin, N. T. (2009). Continuous recording and interobserver agreement algorithms reported in the Journal of Applied Behavior Analysis (1995-2005). *Journal of Applied Behavior Analysis*, 42, 165-169.
西尾明子 (1987). 言行一致訓練の臨床場面への適用可能性の検討：精神遅滞児における"身振り言語・行動"一致訓練　行動分析学研究, 1, 31-38.
奥田健次・井上雅彦 (1999). 自閉症児における対人関係の改善と遊びの変化：フリーオペラント技法を適用した事例の検討　特殊教育学研究, 37, 69-79.
Repp, A. C., & Deitz, S. M. (1974). Reducing aggressive and self-injurious behavior of institutionalized retarded children through reinforcement of other behaviors. *Journal of Applied Behavior Analysis*, 7,

313-325.
佐々木祥太郎・大森圭貢・杉村誠一郎・最上谷拓磨・多田実加・中村恵理・大宮一人 (2016). 重度運動麻痺と認知機能障害を呈した脳卒中患者の車椅子駆動動作に対する身体的ガイドの有効性　行動分析学研究, *30*, 137-144.
佐藤和彦・島宗 理・橋本俊顕 (2003). 重度知的障害児におけるカードによる援助要求行動の形成・般化・維持　行動分析学研究, *18*, 83-98.

第 5 章

Argyris, C., & Schön, D. A. (1978). *Organizational learning: A theory of action perspective*. Reading, MA: Addison-Wesley.
Banister, P., Burman, E., Parker, I., Taylor, M., & Tindall, C.(Eds.) (1994). *Qualitative methods in psychology: A research guide* (1st ed.). Buckingham: Open University Press.　（バニスター，P.・バーマン，E.・パーカー，I.・テイラー，M.・ティンダー，C.　五十嵐靖博・河野哲也（監訳）(2008). 質の心理学研究法入門：リフレキシビティの視点　新曜社）
Ellis, C., & Bochner, A. (2000). Autoethnography, personal narrative, reflexivity: Researcher as subject. In N. K. Denzin & Y. S. Lincoln (Eds.), *Handbook of qualitative research*(2nd ed., pp. 733-768). Thousand Oaks, CA: Sage Publications.　（エリス，C.・ボクナー，A.　藤原 顕（訳）(2006). 自己エスノグラフィー・個人的語り・再帰性：研究対象としての研究者　平山満義（監訳）大谷 尚・伊藤 勇（編訳）質的研究ハンドブック 3 巻：質的研究資料の収集と解釈（pp. 129-164）　北大路書房）
Engeström, Y. (2008). *From team to knots: Activity-theoretical studies of collaboration and learning at work*. Cambridge: Cambridge University Press.　（エンゲストローム，Y.　山住勝広・山住勝利・蓮見二郎（訳）(2013). ノットワークする活動理論：チームから結び目へ　新曜社）
Gergen, K. J. (1999). *An invitation to social construction*. London: Sage Publication.　（ガーゲン，K. J.　東村知子（訳）(2004). あなたへの社会構成主義　ナカニシヤ出版）
橋本俊哉 (1993). 高速道路サービス・エリアにおける「ゴミ捨て行動」の分析：「分け捨て行動」の「誘導」をとおして　社会心理学研究, *8*, 116-125.
Holzman, L. (2009). *Vygotsky at work and play*. London & New York: Routledge.　（ホルツマン，L.　茂呂雄二（訳）(2014). 遊ぶヴィゴツキー：生成の心理学へ　新曜社）
保坂裕子 (2004). アクションリサーチ：変化から見えてくるもの　無藤 隆・やまだようこ・南 博文・麻生 武・サトウタツヤ（編）ワードマップ　質的心理学：創造的に活用するコツ　新曜社
木下康仁 (2003). グラウンデッド・セオリー・アプローチの実践：質的研究への誘い　弘文堂
川喜多二郎 (1967). 発想法：創造性開発のために　中公新書
Lave, J. (1988). *Cognition in practice: Mind, mathematics and culture in everyday life*. New York: Cambridge University Press.　（レイヴ，J.　無藤 隆・山下清美・中野 茂・中村美代子（訳）(1995). 日常生活の認知行動：ひとは日常生活でどう計算し, 実践するか　新曜社）
Lave, J. (2011). *Apprenticeship in critical ethnographic practice*. Chicago: University of Chicago Press.
Lewin, K. (1948). *Resolving social conflicts: Selected papers on group dynamics*. New York: Harper.　（レヴィン，K.　末永俊郎（訳）(2017). 社会的葛藤の解決　ちとせプレス）
松嶋秀明 (2005). 関係性のなかの非行少年：更生保護施設のエスノグラフィから　新曜社
野口裕二 (2002). 物語としてのケア：ナラティヴ・アプローチの世界へ　医学書院
Parker, I. (2004). *Qualitative psychology: Introducing radical research*.Buckingham: Open University Press.

（パーカー，I. 八ッ塚一郎（訳）(2008). ラディカル質的心理学：アクションリサーチ入門　ナカニシヤ出版）

斎藤 環 (2015). オープンダイアローグとは何か　医学書院

Salit, C. R. (2016). *Performance breakthrough: A radical approach to success at work*. New York: Hachette Books.

佐藤郁哉 (2002). フィールドワークの技法：問いを育てる，仮説をきたえる　新曜社

杉万俊夫（編）(2006). コミュニティのグループダイナミックス　京都大学学術出版会

杉万俊夫 (2013). グループダイナミックス入門：組織と地域を変える実践学　世界思想社

鈴木聡志 (2007). ワードマップ　会話分析・ディスコース分析：ことばの織りなす世界を読み解く　新曜社

田垣正晋 (2007). 障害者施策推進の住民会議のあり方とアクションリサーチにおける研究者の関わり方に関する方法論的考察　実験社会心理学研究，*46*, 173-184.

Taylor, M. (1994). Action research. In P. Banister, E. Burman, I. Parker, M. Taylor, & C. Tindall (Eds.), *Qualitative methods in psychology: A research guide* (1st ed., pp. 108-120). Buckingham: Open University Press.　（テイラー，M.　田辺肇（訳）(2008). アクションリサーチ　五十嵐靖博・河野哲也（監訳）　質的心理学研究法入門：リフレキシビティの視点（pp. 141-158）　新曜社）

やまだようこ (2004). 質的研究の核心とは：質的研究は人間観やものの見方と切り離せない　無藤 隆・やまだようこ・南 博文・麻生 武・サトウタツヤ（編）ワードマップ　質的心理学：創造的に活用するコツ（pp. 8-13）　新曜社

矢守克也 (2010). アクションリサーチ：実践する人間科学　新曜社

第 6 章

Alberto, P. A., & Troutman, A. C. (1999). *Applied behavior analysis for teachers* (5th ed.). Upper Saddle River, NJ: Prentice-Hall.　（アルバート，P. A.・トルートマン，A. C.　佐久間 徹・谷 晋二・大野裕史（訳）(2004). はじめての応用行動分析　第 2 版　二瓶社）

Carter, S. L. (2010). *The social validity manual: A guide to subjective evaluation of behavioral interventions*. San Diego, CA: Academic Press.

Cooper, J. O., Heron, T. E., & Heward, W. L. (2007). *Applied behavior analysis* (2nd ed.). Upper Saddle River, NJ: Pearson Education.（クーパー，J. O.・ヘロン，T. E.・ヒューワード，W. L.　中野良顯（訳）(2013). 応用行動分析　明石書店）

道城裕貴 (2014). 通常学級において目標設定とセルフモニタリングが児童の聴く行動に及ぼす効果　人間文化．*34*, 13-20.

Fawcett, S. B. (1991). Social validity: A note on methodology. *Journal of Applied Behavior Analysis*, *24*, 235-239.

Gresham, F. M., & Lopez, M. F. (1996). Social validation: A unifying concept for school-based consultation research and practice. *School Psychology Quarterly*, *11*, 204-227.

南風原朝和・市川伸一・下山晴彦 (2001). 心理学研究法入門：調査・実験から実践まで　東京大学出版会

Hartmann, D. P. (1977). Considerations in the choice of interobserver reliability estimates. *Journal of Applied Behavior Analysis*, *10*, 103-116.

Johnson, J. M., & Pennypacker, H. S. (1993). *Strategies and tactics for human behavioral research* (2nd ed.).

Hillsdale, NJ: Erlbaum.

加藤哲文・大石幸二 (2004). 特別支援教育を支える行動コンサルテーション：連携と協働を実現するためのシステムと技法　学苑社

Kostewicz, D. E., King, S. A., Datchuk, S. M., Brennan, K. M., & Casey, S. D. (2016). Data collection and measurement assessment in behavioral research: 1958-2013. *Behavior Analysis: Research and Practice*, *16*, 19-33.

Miltenberger, R. G. (2001). *Behavior modification: principles and procedures* (2nd ed.). Belmont, CA: Wadsworth.　（ミルテンバーガー，R. G.　園山繁樹・野呂文行・渡部匡隆・大石幸二（訳）(2006). 行動変容法入門　二瓶社）

杉山尚子・島宗 理・佐藤方哉・マロット，R. W.・マロット，M. E. (1998). 行動分析学入門　産業図書

Stern, G. W., Fowler, S. A., & Kohler, F. W. (1988). A comparison of two intervention roles: Peer monitor and point earner. *Journal of Applied Behavior Analysis*, *21*, 103-109.

Tawney, J., & Gast, D. (1984). *Single-subject research in special education*. Columbus, OH: Merrill.

Witt, J. C., & Elliott, S. N. (1985). Acceptability of classroom intervention strategies. In T. Kratochwill (Ed.), *Advances in school psychology* (Vol. 4., pp. 251-288). Hillsdale, NJ: Erlbaum.

Wolf, M. M. (1978). Social validity: The case for subjective measurement or how applied behavior analysis is finding its heart. *Journal of Applied Behavior Analysis*, *11*, 203-214.

第 7 章

Barlow, D. H., & Hersen, M. (1984). *Single case experimental designs: Strategies for studying behavior change* (2nd ed.). New York: Pergamon Press.　（バーロー，D. H.・ハーセン，M.　高木俊一郎・佐久間 徹（監訳）(1988). 一事例の実験デザイン：ケーススタディの基本と応用　二瓶社）

Gast, D. L., & Hammond, D. (2010). Withdrawal and reversal designs. In D. L. Gast (Ed.), *Single subject research methodology in behavioral sciences* (pp. 234-275). New York: Routledge.

原田隆之 (2015). 心理職のためのエビデンス・ベイスド・プラクティス入門：エビデンスを「まなぶ」「つくる」「つかう」　金剛出版

Kahng, S. Q., Chung, K., Gutshall, K., Pitts, A. C., Kao, J., & Girolami, K. (2010). Consistent visual analysis of intrasubject data. *Journal of Applied Behavior Analysis*, *43*, 35-45.

Kennedy, C. H. (2005). *Single-case designs for educational research*. Boston, MA: Allyn & Bacon.

Kratochwill, T. R., Levin, J. R., Horner, R. H., & Swoboda, C. M.(2014). Visual analysis of single-case intervention research: Conceptual and methodological issues. In T. R. Kratochwill & J. R. Levin (Eds.), *Single-case intervention research: Methodological and statistical advances* (pp. 91-125). Washington, DC: American Psychological Association.

Ottenbacher, K. J. (1993). Interrater agreement of visual analysis in single-subject decisions: Quantitative review and analysis. *American Journal on Mental Retardation*, *98*, 135-142.

Riley-Tillman, T. C., & Burns, M. K. (2009). *Evaluating educational interventions: Single-case design for measuring response to intervention*. New York: Guilford Press.

佐々木祥太郎・大森圭貢・杉村誠一郎・最上谷琢磨・多田実加・中村恵理・大宮一人 (2016). 重度運動麻痺と認知機能障害を呈した脳卒中患者の車椅子駆動動作に対する身体的ガイドの有効性　行動分析学研究，*30*, 137-144.

Spriggs, A. D., & Gast, D. L. (2010). Visual representation of data. In D. L. Gast (Ed.), *Single subject research methodology in behavioral sciences* (pp. 166-198). New York: Routledge.

杉原聡子・米山直樹 (2015). 自閉スペクトラム症児の運筆訓練時における親の指導行動に対するビデオ・フィードバック　行動分析学研究，30, 13-23.

高橋智子・山田剛史 (2008). 一事例実験データの処遇効果検討のための記述統計的指標について：行動分析学研究の一事例実験データの分析に基づいて　行動分析学研究，22, 49-67.

内田雅人 (2015). 特定保健指導とその後の健康維持行動の継続における自己管理支援プログラムの探索的検討　行動分析学研究，30, 24-32.

若林上総・中野 聡・加藤哲文 (2016). 定時制高等学校における行動コンサルテーションの実践を通した教師の介入厳密性を高める支援の検討　行動分析学研究，30, 145-156.

第 8 章

Barlow, D. H., & Hersen, M. (1984). *Single case experimental designs: Strategies for studying behavior change* (2nd ed.). New York: Pergamon Books.　（バーロー，D. H.・ハーセン，M.　高木俊一郎・佐久間 徹（監訳）(1988). 一事例の実験デザイン：ケーススタディの基本と応用　二瓶社）

Ma, H. H. (2006). An alternative method for quantitative synthesis of single-subject researches: Percentage of data points exceeding the median. *Behavior Modification*, 30, 598-617.

Parker, R. I., & Vannest, K. J. (2009). An improved effect size for single case research: Non-overlap of all pairs (NAP). *Behavior Therapy*, 40, 357-367.

Parker, R. I., Vannest, K. J., Davis, J. L., & Sauber, S. B. (2011). Combining nonoverlap and trend for single-case research: Tau-U. *Behavior Therapy*, 42, 284-299.

Parker, R. I., Vannest, K. J., & Davis, J. L. (2014). Non-overlap analysis for single-case research. In T. R. Kratochwill & J. R. Levin (Eds.), *Single-case intervention research: Methodological and statistical advances* (pp. 127-151). Washington, DC: American Psychological Association.

Vannest, K. J., Parker, R. I., & Gonen, O. (2011). *Single case research: Web based calculators for SCR analysis* (version 1.0). [Web-based application]. College Station, TX: Texas A&M University.　http://www.singlecaseresearch.org/calculators/tau-u（2018 年 2 月 20 日閲覧）

White, O. R., & Haring, N. G. (1980). *Exceptional teaching* (2nd ed.). Columbus, OH: Merrill.

第 9 章

Cohen, J. (1992). A power primer. *Psychological Bulletin*, 112, 155-159.

森 敏昭・吉田寿夫（編）(1990). 心理学のためのデータ解析テクニカルブック　北大路書房

大久保街亜・岡田謙介 (2012). 伝えるための心理統計：効果量・信頼区間・検定力　勁草書房

山田剛史・村井潤一郎 (2004). よくわかる心理統計　ミネルヴァ書房

第 10 章

Alberto, P. A., & Troutman, A. C. (1999). *Applied behavior analysis for teachers* (5th ed.). Upper Saddle River, NJ: Prentice-Hall.　（アルバート，P. A.・トルートマン，A. C.　佐久間 徹・谷 晋二・大野裕史（訳）(2004). はじめての応用行動分析　第 2 版　二瓶社）

道城裕貴・松見淳子・井上紀子 (2004). 通常学級において「めあてカード」による目標設定が授業準

備行動に及ぼす効果　行動分析学研究, *19*, 148-160.
道城裕貴・松見淳子 (2007).　通常学級において「めあて&フィードバックカード」による目標設定とフィードバックが着席行動に及ぼす効果　行動分析学研究, *20*, 118-128
道城裕貴 (2014).　通常学級において目標設定とセルフモニタリングが児童の聴く行動に及ぼす効果　人間文化, *34*, 13-20.

第 11 章

Miltenberger, R. G. (2001). *Behavior modification: Principles and procedures* (2nd ed.). Belmont, CA: Wadsworth.　（ミルテンバーガー, R. G.　園山繁樹・野呂文行・渡部匡隆・大石幸二（訳）(2006).　行動変容法入門　二瓶社）
田中善大 (2011).　応用行動分析に基づく保育士を対象とした発達支援リーダー養成プログラムの開発及びその効果：発達障害者支援センターにおける地域支援として　関西学院大学博士論文
田中善大・馬場ちはる・鈴木ひみこ・松見淳子 (2014).　指導的立場の保育士を対象とした応用行動分析の研修プログラムの波及効果：適切行動に対する言語称賛スキルの向上　特殊教育学研究, *52*, 169-179.
田中善大・神戸市発達障害ネットワーク推進室 (2011).　発達支援のためのチャレンジブック！　神戸市発達障害ネットワーク推進室

第 12 章

大対香奈子・野田 航・横山晃子・松見淳子 (2005).　小学1年生児童に対する学習時の姿勢改善のための介入パッケージの効果：学級単位での行動的アプローチの応用　行動分析学研究, *20*, 28-39.
髙木友子 (2015).　小1プロブレム対策を考える3：保護者サポーターの視点から見たS市すこやかプラン3　湘北紀要, *36*, 45-53.
東京都教育委員会 (2009).　東京都公立小・中学校における第1学年の児童・生徒の学校生活への適応状況にかかわる実態調査について　教育庁報　No. 558.　http://www.kyoiku.metro.tokyo.jp/buka/soumu/choho/558/page7.htm（2018年2月20日閲覧）

第 13 章

Bakeman, R., & Gottman, J. M. (1997). *Observing interaction: An introduction to sequential analysis*. New York: Cambridge University Press.
Dawkins, M. S. (2007). *Observing animal behaviour: Design and analysis of quantitative data*. Oxford: Oxford University Press.　（ドーキンス, M. S.　黒沢令子（訳）(2015).　動物行動の観察入門：計画から解析まで　白揚社）
Pellegrini, A. D. (1996). *Observing children in their natural worlds: A methodological primer*. New Jersey: Lawrence Erlbaum Associates.　（ペレグリーニ, A. D.　大藪 泰・越川房子（訳）(2000).　子どもの行動観察法：日常生活場面での実践　川島書店）
竹島克典・松見淳子 (2013).　抑うつ症状を示す児童の仲間との社会的相互作用：行動観察に基づくアセスメント研究　教育心理学研究, *61*, 158-168.

第 14 章
佐藤美幸・佐藤 寛 (2014). 大教室の講義における大学生の私語マネジメント：好子出現阻止による弱化を用いた介入の有効性　行動分析学研究, *28*, 72-81.

第 15 章
Parker, R. I., Vannest, K. J., Davis, J. L., & Sauber, S. B. (2011). Combining nonoverlap and trend for single-case research: Tau-U. *Behavior Therapy*, *42*, 284-299.
武部匡也・佐藤 寛 (2016). データ付きポスター掲示によるたばこの不適切投棄の軽減効果　禁煙科学, *10*(5), 1-7.

第 16 章
Cope, J. G., & Allred, L. J. (1991). Community intervention to deter illegal parking in spaces reserved for the physically disabled. *Journal of Applied Behavior Analysis*, *24*, 687-693.
沖中 武・嶋崎恒雄 (2010). 不法駐輪に対する行動分析的アプローチ：データ付きポスターの掲示と駐輪禁止範囲明示の効果　行動分析学研究, *25*, 22-29.
佐藤晋治・武部 崇・松岡勝彦・馬場 傑・若井広太郎 (2001). 点字ブロック付近への迷惑駐輪の軽減：データ付きポスター掲示の効果　行動分析学研究, *16*, 36-47.

第 17 章
学研教育総合研究所 (2015). 小学生白書 Web 版 2015 年 10 月調査　学研教育総合研究所　https://www.gakken.co.jp/kyouikusouken/whitepaper/201510/index.html（2018 年 2 月 20 日閲覧）
Parker, R. I., Vannest, K. J., Davis, J. L., & Sauber, S. B. (2011). Combining nonoverlap and trend for single-case research: Tau-U. *Behavior Therapy*, *42*, 284-299.
佐藤 寛・佐藤美幸 (2013). スイミングスクールにおける児童のビート板整理行動の変容①：集団随伴性を用いた介入の効果　日本行動分析学会第 31 回年次大会発表論文集, 88.

第 18 章
Allison, M. G., & Ayllon, T. (1980). Behavioral coaching in the development of skills in football, gymnastics, and tennis. *Journal of Applied Behavior Analysis*, *13*, 297-314.
Brobst, B., & Ward, P. (2002). Effects of public posting, goal setting, and oral feedback on the skills of female soccer players. *Journal of Applied Behavior Analysis*, *35*, 247-257.
Kazdin, A. E. (1984). Statistical analyses for single-case experimental designs. In D. H. Barlow & M. Hersen (Eds.) *Single-case experimental designs: Strategies for studying behavior change* (2nd ed., pp. 285-324). New York: Pergamon Books.（カズディン, A. E.　大野裕司 (1988). 一事例実験デザインの統計分析　高木俊一郎・佐久間 徹（監訳）一事例の実験デザイン：ケーススタディの基本と応用 (pp. 195-222)　二瓶社）
Locke, E. A. (1968). Toward a theory of task motivation and incentives. *Organizational Behavior and Human Performance*, *3*, 157-189.

沖中 武・嶋崎恒雄 (2010). 自己記録と自己目標設定がソフトテニスのファーストサービスの正確性に及ぼす効果 行動分析学研究, 24, 43-47.

Polaha, J., Allen, K., & Studley, B. (2004). Self-monitoring as an intervention to decrease swimmers' stroke counts. *Behavior Modification, 28*, 261-275.

第 19 章

Engeström, Y. (1987). *Learning by expanding: An activity-theoretical approach to developmental research*. Helsinki: Orieta-Konsultit.（エンゲストローム, Y.　山住勝広・松下佳代・百合草禎二・保坂裕子・庄井良信・手取義彰・高橋 登（訳）(1999). 拡張による学習：活動理論からのアプローチ　新曜社）

Engeström, Y., Engeström, R., & Kerosuo, H. (2003). The discursive construction of collaborative care. *Applied Linguistics, 24*, 286-315.

香川秀太・澁谷 幸・三谷理恵・中岡亜希子 (2016).　「越境的対話」を通した新人看護師教育システムの協働的な知識創造：活動理論に基づくアクションリサーチと対話過程の分析　認知科学, 23, 355-376.

川喜多二郎 (1967). 発想法：創造性開発のために　中公新書

前田泰樹・水川喜文・岡田光弘（編）(2007). エスノメソドロジー：人びとの実践から学ぶ　新曜社

上野直樹・土橋臣吾（編）(2006). 科学技術実践のフィールドワーク：ハイブリッドのデザイン　せりか書房

索引 Index

【A〜Z】
AB デザイン　102
ABA デザイン　103
ABAB デザイン　103

Percentage of Non-Overlapping Data（PND）　101

t 検定　124
Tau-U　112, 169

【あ】
アクションリサーチ（action research：AR）　55
アルバート（Alberto, P. A.）　19

一事例実験デザイン（single case experimental design）　15, 102
1 群事前事後テストデザイン（one-group pretest-posttest design）　15
インターバル記録法（interval recording）　32
インターバル内頻度記録法（frequency-within-interval recording）　142
インターバル別 IOA（interval-by-interval IOA）　80

ヴィゴツキー（Vygotsky, L.）　71

応用行動分析学　13

折れ線グラフ　92

【か】
各インターバルカウント完全 IOA（exact count-per-interval IOA）　77
各インターバルカウント平均 IOA（mean count-per-interval IOA）　77
各生起平均持続時間 IOA（mean duration-occurrence IOA）　80
課題従事行動　135
片づけ行動　133
観察者間一致（interobserver agreement：IOA）　16, 75
観察者訓練　83
観察者ドリフト（observer drift）　84
観察者の予測期待　84
観察者反応性（observer reactivity）　85
間接観察　7

聴く行動　136
機能的アセスメント（functional assessment）　13
帰無仮説　124
記録されたインターバル IOA（scored interval IOA）　81
記録されなかったインターバル IOA（unscored interval IOA）　81

クラトックウィル（Kratochwill, T. R.）　107
グループデザイン　119

グレシャム（Gresham, F. M.）　29

言語的称賛　180

効果量（effect size：ES）　107, 126
行動カテゴリー　156
行動間多層ベースラインデザイン　105
行動コミュニティ心理学（behavior community psychology）　167
行動的産物　19
行動の機能　13
行動の形態　8
行動連鎖　157
コステヴィチ（Kostewicz, D. E.）　21

【さ】
産物記録法（permanent product recording）　19, 168
散布度　120

視覚的分析　96
私語　161
試行別IOA（trial-by-trial IOA）　78
自己記録　183
自己相関　111
事象記録法（event recording）　45
事象見本法（event sampling）　44
自然的観察法（natural observation）　4
持続時間記録法（duration recording）　45
実験的観察法（experimental observation）　4
社会構成主義　56
社会的相互作用　154
社会的妥当性（social validity）　88
集団随伴性　179
授業準備行動　132
主任保育士　140
準実験デザイン（quasi-experimental design）　14
小1プロブレム　148
書字場面での姿勢改善　150
信頼性（reliability）　6, 75

推測統計　122
スキナー（Skinner, B. F.）　3

正確性（accuracy）　85
生態学的妥当性（ecological validity）　17
全カウントIOA（total count IOA）　77
潜時記録法（latency recording）　45
全持続時間IOA（total duration IOA）　79
全体インターバル記録法（whole interval recording）　33

相関係数　127
即時性　99

【た】
対象者間多層ベースラインデザイン　104
代表値　120
タイムサンプリング法（time sampling）　31
対立仮説　124
多層ベースラインデザイン　104
妥当性（validity）　6, 86
たばこの不適切投棄　167

逐次分析　157
着席行動　133
中央値　120
注目行動　133
直接観察　7

通常学級　133

テイラー（Taylor, M.）　56
データ付きポスター　174
テニス　184

トルートマン（Troutman, A. C.）　19
トレンドの問題　112

【な】
二項検定　187

【は】
パーカー（Parker, R. I.）　112
場面間多層ベースラインデザイン　105
反応性（reactivity）　82

ビート板整理行動　179
標準偏差　120
標的行動　133
非連続記録法（discontinuous recording）　44

ファーストサービスの正確性　185
フェイズ　92
部分インターバル記録法（partial interval recording）　33
分散　120
分散分析　124

平均値　120

保育士　140
棒グラフ　94

【ま】
ミルテンバーガー（Miltenberger, R. G.）　16

迷惑駐輪　172
メタアナリシス　117

目標設定　184

【や】
矢守克也　56

抑うつ症状　154

【ら】
ランダム化比較試験（randomized controlled trial：RCT）　106

リサーチ・クエスチョン　64

ルブラン（LeBlanc, L. A.）　25

レヴィン（Lewin, K.）　56
連続記録法（continuous recording）　43

［シリーズ監修者］

三浦麻子（みうら・あさこ）

1995 年　大阪大学大学院人間科学研究科博士後期課程中途退学
現　　在　関西学院大学文学部教授・大阪大学大学院基礎工学研究科特任教授（常勤），
　　　　　博士（人間科学）

［主著・論文］
『グラフィカル多変量解析（増補版）』（共著）現代数学社　2002 年
『インターネット心理学のフロンティア』（共編著）誠信書房　2009 年
『人文・社会科学のためのテキストマイニング【改訂新版】』（共著）誠信書房　2014 年
「オンライン調査モニタの Satisfice に関する実験的研究」社会心理学研究，第 31 巻，1-12．2015 年
「東日本大震災時のネガティブ感情反応表出」心理学研究，第 86 巻，102-111．2015 年

［編　者］

佐藤　寛（さとう・ひろし）

2006 年　筑波大学大学院博士課程人間総合科学研究科修了
現　　在　関西学院大学文学部准教授，博士（心理学）

［主著・論文］
『学校でできる認知行動療法』（共著）日本評論社　2013 年
『不登校の認知行動療法：セラピストマニュアル』（監訳）岩崎学術出版社　2014 年
『臨床児童心理学』（共著）ミネルヴァ書房　2015 年
「日本における心理士によるうつ病に対する認知行動療法の系統的レビュー」行動療法研究，第 38 巻，
　　157-167．2012 年
「うつ病リスクの高い大学生を対象とした集団認知行動療法」認知療法研究，第 7 巻，84-93．2014 年

[執筆担当]

大対香奈子	近畿大学総合社会学部准教授	第1章, 第12章
沖中　武	兵庫県警察本部刑事部科学捜査研究所研究員	第2章, 第16章, 第18章
田中善大	大阪樟蔭女子大学児童教育学部講師	第3章, 第4章, 第11章
香川秀太	青山学院大学社会情報学部准教授	第5章, 第19章
道城裕貴	神戸学院大学心理学部准教授	第6章, 第10章
佐藤美幸	京都教育大学教育学部准教授	第7章, 第14章
佐藤　寛	(編者)	第8章, 第15章, 第17章
竹島克典	ひょうご発達障害者支援センター クローバー 宝塚ブランチ所長	第9章, 第13章

イラスト：田渕　恵（中京大学）

[サポートサイト]

本シリーズに連動したサポートサイトを用意しており，各巻に関連する資料を提供している。

http://psysci.kwansei.ac.jp/introduction/booklist/psyscibasic/

※北大路書房のホームページ（http://www.kitaohji.com）からも，サポートサイトへリンクしています。

心理学ベーシック 第4巻　なるほど！ 心理学観察法

| 2018年4月10日 | 初版第1刷印刷 | 定価はカバーに表示 |
| 2018年4月20日 | 初版第1刷発行 | してあります。 |

監修者　三　浦　麻　子
編著者　佐　藤　　　寛

発行所　（株）北大路書房
　　　　〒603-8303
　　　　京都市北区紫野十二坊町12-8
　　　　電話（075）431-0361（代）
　　　　FAX（075）431-9393
　　　　振替　01050-4-2083

イラスト　田渕　恵
編集・デザイン・装丁　上瀬奈緒子（綴水社）
印刷・製本　亜細亜印刷（株）

©2018　ISBN978-4-7628-3014-3　Printed in Japan
検印省略　落丁・乱丁本はお取り替えいたします

- [JCOPY]〈(社)出版者著作権管理機構　委託出版物〉
本書の無断複写は著作権法上での例外を除き禁じられています。
複写される場合は，そのつど事前に，(社)出版者著作権管理機構
（電話 03-3513-6969，FAX 03-3513-6979，e-mail: info@jcopy.or.jp）
の許諾を得てください。

シリーズ紹介

心のはたらきを科学的に見つめるまなざしを養い，
「自らの手で研究すること」に力点をおいたシリーズ全5巻。

シリーズ監修　三浦麻子

第1巻　なるほど！心理学研究法　　三浦麻子　著

第2巻　なるほど！心理学実験法　　佐藤暢哉・小川洋和　著

第3巻　なるほど！心理学調査法　　大竹恵子　編著

第4巻　なるほど！心理学観察法　　佐藤 寛　編著

第5巻　なるほど！心理学面接法*　　米山直樹・佐藤 寛　編著

＊は未刊（2018年4月現在）　書名等が一部変更となる場合もあります。